暗獄怪談
或る男の死

鷲羽大介

JN018505

竹書房怪談文庫

目次

おふくろの味 13
こっちの台詞 19
赤い鐘 22
バイバイできるかな 25
遺影供養 27
ヒトガタ 31
実験結果 33
眼の壁 36
スカイドッグ 40
蜘蛛の糸 41
遠くへいきたい 43
スローフォワード 45
密室事件 47
ハイウェイの猿 49
お世話になりました 52

わすれるな 55
墨汁のような 59
生物兵器 60
渡り廊下ですれ違う 63
猫の気配 64
隣の席の子供 65
うちのマンドラゴラ 67
ここで降ろして 68
砂場の子 70
真夜中の太陽 72
青春の面影 73
傘をひらいて 75
美しきランナー 76
押し入れの中 77
白い小動物 82

階段を上る猫　85
雪の手形　87
アラームが鳴るまで　89
黄色い蝶　91
呼ばれる　94
因縁ばなし　95
頭上のガンマン　101
冤罪　103
おでむかえ　105
浅瀬　107
小鳥にひかれて　112
消えて戻った女　114
火の効能　117
融点　120
釣れますか　122

遺伝したもの 125
衝突する欲動 129
分け前 132
呼び鈴 134
真夜中のセーラー服 135
人柱 137
大人の会話 140
お祭りの思い出 142
訃報の声 143
踊るガンダム 145
母と逢う 147
牛の眠り 148
どこから来たの 149
ドライブ・マイ・カー 151
書棚の向こう 153

お酌はいらない　155
母の教え　156
ナビに引かれて　162
推しの顔がいい　166
校則違反　169
赤子泣いても　170
小麦の香り　172
ほんとうの色　176
ひとりの死　178
鼻の中　180
右　181
床を這うもの　183
対症療法　185
いりません　189
座敷犬　191

立ち止まるな振り向くな　193
乗車補助　195
知らぬ存ぜぬ　196
人気メニュー　198
心霊写真　202
裏メニュー　209
テイク・イット・イージー　211
禍福は糾える縄の如し　212
迷惑な客　216
懐かしのマイルーム　217
黒い人　218
高く、より高く　220
あなたのそばに　222
犬の頭　225
ついてくるかい　227

バスに乗った救世主 229
県境のダム 232
電話ボックスの怪 236
白衣の胸に赤い薔薇 238
家か私か 241
ミスター・ムーンライト 244
犬好きに捧ぐ花 245
お父さんの動画 246
肺活量 248
転機 249
壁ドン対策 250
クレーマー対策 251
虫封じ 252
ロック人生 254
ぺちぺち 256

小さな冒険者 257
巨大生物 258
ゴミ人間 259
嗅覚障害 260
みなしごの神さま 262
朝のめぐりあい 264
絡まれた日 266
湯上がりの肌 268
お札のない部屋 270
のんびり屋の母さん 273
バッグの中味 275
或る男の死 277

※本書は体験者および関係者に実際に取材した内容をもとに書き綴られた怪談集です。体験者の記憶と主観のもとに再現されたものであり、掲載するすべてを事実と認定するものではございません。あらかじめご了承ください。

※本書に登場する人物名は、様々な事情を考慮してすべて仮名にしてあります。また、作中に登場する体験者の記憶と体験当時の世相を鑑み、極力当時の様相を再現するよう心がけています。今日の見地においては若干耳慣れない言葉・表記が記載される場合がございますが、これらは差別・侮蔑を助長する意図に基づくものではございません。

おふくろの味

達樹さんの自宅マンションに招かれた私は、向かい合わせでテーブルに座ると、まずICレコーダーのスイッチを入れた。こういうときは、本題に入る前から録音をしておいたほうがいい。話者が本題だと思っていない雑談の中に、思わぬ宝が転がっていることが少なくないからだ。

達樹さん、三十八歳独身。結婚歴なし。地方国立大学卒。仕事はIT企業のエンジニアで、1DKのマンションにひとり暮らし。バックグラウンドになりそうな情報は、すでに頭に入っている。

体験談を披露したい、という人は少なくないが、自宅に招待されることは滅多にない。きっと大きなネタになるだろう、という期待はあった。

「早速ですが鷺羽さん、これを見てください」

達樹さんは、あいさつもそこそこにいきなり本題に入ってきた。テーブルの上に、タッパーを置き、ふたを取る。中には、カレーらしきものが冷凍されていた。

このカレーにまつわる話だということだった。

ちょうど一ヶ月前のことでした。

仕事を終えて、夜の八時頃に帰宅したんですが、鍵を開けて家に入ると、誰もいないはずなのに「おかえり」という声がしたんですよ。

リビングで、四年前に亡くなったはずの母が、エプロンをつけて料理をしていたんです。元気なときそのままの、ふっくらした顔でした。

すぐに、ああ俺は夢を見ているんだな、と思いました。夢なんだから遠慮することはないなと思って、おかあさあん、と声をあげて、跪《ひざまず》いて抱きつきましたよ。あら達樹どうしたの、と母が言うので、仕事でいやなことがあったんだ、と答えました。いや、別に仕事上のトラブルなんかないんですけれども、そうやって甘えたくなったんですよ。母の生前には、そうやって甘えることもありませんでしたから。

そうなの、達樹は頑張り屋さんだね、と母は俺の背中を撫でてくれました。お前は子供の頃からそうだったね、小学校の夏休みに、朝顔の観察日記をつけたときも、一日もさぼらないで毎日きちんと書いていたし、中学でバドミントン部に入ったときも、練習から帰ってきたあとも素振りを欠かさなかったものね。そう言われると、涙が止まりませんでした。本当に懐かしかったですね。

達樹さんは、いかにも幼い頃の思い出に浸《ひた》っているのだな、という甘くとろけた表情で、見事な餃子状になっている耳をかりかりと掻きながら話している。

母は、じゃあそろそろご飯にしようね、と立ち上がりました。飯はもう炊けていて、鍋にはカレーができていたんです。懐かしい、母のカレーです。ちっとも辛くなくて、じゃがいもがごろごろ入っているやつですよ。嬉しかったですねえ。母とふたりで食べていると、幼い頃を思い出しました。九州の田舎の、小さな借家で、こうして母とふたりだけで暮らしていた頃のことです。薄暗い和室の、丸いちゃぶ台でね、ふちの欠けた丼にご飯を盛って、このカレーをかけて食べましたよ。俺はカレー食べてるから嬉しかったけど、母は少しだけ寂しそうな顔をしていたように思います。あのカレーと同じ味でした。今度は母も、心から嬉しそうでしたね。

夕飯を終えると、腹がいっぱいになったせいか、耐えられないほどの眠気に襲われました。母は、もう遅いからお休みなさい、明日も早いんでしょう、と俺を寝室にいかせようとするんです。いやだ、まだ寝ないよ、と俺は抵抗したんですけども、いつの間にかパジャマに着替えさせられて、寝室へ連れていかれました。おやすみ、と言って母が寝室をドアを閉めたところまでは覚えています。気を失うみたいにして眠りにつきました。

翌朝、目が覚めると母はもういませんでした。家の中はいつも通りで、どこにも変わったところはないんですけども、鍋の中には昨夜のカレーが残っていました。ええ、これがそのカレーですよ。なんだか捨てる気になれなくて、冷凍保存しておいたんです。

達樹さんは、冷たい麦茶を飲みながらここまで話してくれた。

私も、彼がすすめてくれた冷たい麦茶で口を潤す。

いい話だ、とは思った。こういう暖かい気持ちになる話も、あっていいだろうな。私はちょっとした失望を感じながら、達樹さんに「ありがとうございます、いい話ですね」と礼を言った。

いや、ちょっと待ってくださいよ。話はまだ終わってないです。

達樹さんはそう言うとタッパーを電子レンジに入れた。

朝に目が覚めて、カレーの鍋を見たときに思い出したんです。あれは俺のおふくろなんかじゃない。似ても似つかない別人だ、って。

そもそも、俺のおふくろは実家で普通に生きてますからね。親父と兄貴と一緒に、犬も飼って元気に過ごしてるんですよ。母が四年前に亡くなった、というのがまずデタラメなんです。

ええそうです、小学校で朝顔の観察日記なんかつけたことありませんし、中学から高校、大学までずっと柔道部で、バドミントンなんか一度もやったことないです。実家は九州の借家じゃなくて埼玉のマンションですし、親父も兄貴もいたんだから、母とふたりで暮らしていたこともないんですよ。何もかもデタラメだったんです。

それなのに、あの母が来たときは、その記憶がたしかに思い出されたんです。ありもしない記憶を思い出して、泣いていたんですよ。四年前に母が亡くなったときの悲しさが、俺の心を支配していたんです。そんな事実はないのに、ですよ。こんな気持ち悪い話がありますか。あれはいったい何なのか、誰なのか、俺は手がかりがほしいんです。だから鷲羽さんに来てもらったんですよ。このカレーだけが、手がかりなんです。

俺のおふくろは料理が好きで、カレーも本格的にスパイスシードを油で炒めるところからやるので、こういうもたっとした、いかにもおふくろの味って感じのカレーは作らないんです。俺だって、わざわざこういうカレーを作ったりしません。

鷲羽さん、俺と一緒にこのカレーを食べてください。


達樹さんは、電子レンジからタッパーを取り出し、中のとろりとした物質を木のスプーンですくうと、ふたつの小さな皿に盛って、片方を自分の前に、片方を私の前に置いた。

私はカレーが好きで、市販のルーで作ったものであれば、どのメーカーのものかぐらいは香りだけでもわかる。

このカレーも、冷凍保存の影響でじゃがいもはもさもさに劣化していたが、テレビでよくCMを見かける最大手メーカーの、一番甘口のルーを使っていることはわかった。

ただ、私にわかるのはそれだけだった。

達樹さんにどう言ってこの場を切り抜ければいいのか、私は悩んでいた。

こっちの台詞

居酒屋のカウンターで隣合わせた、和彦さんが語ってくれた。

エレベーターのない、古い団地の四階に住んでいる和彦さんが、一年ほど前に体験した話である。


休日にソロキャンプへ行くため、大きなバックパックを背負って団地の階段を降りていくと、同じ階に息子夫婦と住んでいるおばあさんが、買い物袋を持って上がってきた。和彦さんは、踊り場で立ち止まって進路を譲り、こんにちは、と挨拶をする。

「あら、すごい荷物だこと。どちらへ？」

「ええ、ちょっとキャンプに行くんです」

「そうなの、若い人はいいですねえ」

そんな会話を交わして、おばあさんが階段を上がっていくのを見送った和彦さんは、建物を出て、裏にある駐車場へ向かった。

建物の裏へ回ると、階段を上がっていったはずのおばあさんが、駐車場のほうから歩いてきていた。

和彦さんが驚いて立ち止まると、おばあさんもこちらに気づいて、びくっ、と一瞬ひきつったような仕草をする。

おばあさんは、はっきりとした声でこう言ったのである。

「なんでまたいるの」

和彦さんは、聞こえないふりをして足早に通り過ぎ、車に荷物を載せてエンジンをかけた。おばあさんは、立ちすくんだままこちらを見ていたが、無視して走り出す。

それはこっちの台詞《せりふ》だよ、と思いました。

さっき「キャンプに行きます」って言っちゃったので、そのまま予定通りに行くのも気味が悪くなってきたんです。向こうに行ったらまたいるような気がしてね。だからキャンプはキャンセルして、その日は隣町のネットカフェに泊まりました。

翌日の朝に帰ってきたんですけど、それからは特に何も変わったことはないです。あ、でもそういえば、あのばあちゃんを見かけないですね。たった今、気づきました。どうして今まで気がつかなかったんだろう。あれから一度も見てないんですよ。息子夫婦は相変わらず住んでいるし、亡くなったという話も聞かないんですけどね。

え、どんな顔してたか、って？　ええと、あれ、おかしいな、さっきまで確かに覚えていたはずなのに、どんな顔してたっけ。

鷲羽さんっていいましたか、これって俺がおかしくなったんですかね。それとも俺以外の世界がおかしくなったんですかね。

和彦さんは、すがるような目でこちらを見ている。私は、まあもう一杯飲めば思い出すかもしれませんよ、と言ってホッピーを追加注文した。

赤い鐘

麻衣子さんが高校を出て専門学校に入り、そこで知り合った友達の佳奈さんと、縁結びにご利益があるというお寺へ、彼氏ができますようにと参拝したときの話である。

お寺の大きな鐘を目にしたとき、佳奈さんが妙なことを言って、首をひねる。短く切って赤く染めた髪の毛が、その場に似つかわしくない印象を与えていた。

「何これ、緑じゃん。変なの。鐘って普通は赤いよね？」

「え、あんたこそ何言ってるの。お寺の鐘って普通はこういう色だよ」

その鐘は古い青銅製で、表面は緑青《ろくしょう》ですっかりくすんだ緑色になっていた。佳奈さんは、その渋い色合いが気に入らないようで、細い眉をひそめていた。

「うちの地元じゃ、どこのお寺でも鐘は真っ赤なんだよ。こんな色の鐘は初めて見た」

佳奈さんは、あくまでそう言い張るのである。

麻衣子さんは、じゃあその鐘の写真を見せてほしいと頼んだが、十八歳そこそこの女子が、お寺の鐘の写真なんて持っているはずもなかった。

もし佳奈さんの地元に行く機会があったら、お寺の鐘を見てみたい。そう思ったのが、今から二十年ほど前のことだったという。

その後、専門学校を卒業してからは佳奈さんとも疎遠になり、あのときの話もすっかり忘れていたそうだ。

しかし昨年、夫とふたりでドライブ旅行を楽しんでいたとき、道路標識に書かれていた地名を目にして、麻衣子さんは記憶が甦るのを感じた。

ここは佳奈さんの出身地だ。

麻衣子さんは、夫にせがんでお寺を探してもらった。カーナビに「寺院」と入力して、近隣のお寺を片っ端から見てみるつもりだった。本当に真っ赤な鐘なんてあるのかどうか、どうしても気になったのである。

しかし、赤い鐘を見つけることはできなかった。

その地は、古い家や商店が立ち並ぶ、いかにも歴史のありそうな小さな町だった。にもかかわらず、普通の町ならいくつかあるはずの、寺院や神社どころか、お地蔵さんや小さなほこらひとつに至るまで、まったく存在しなかったのである。

その町がどの地方にあるのか、公開する許可はどうしてもいただけなかった。
本州である、ということだけでご寛恕されたい。

バイバイできるかな

沙知絵さんが、二歳になったばかりの娘を連れてスーパーへ行ったときのことである。

アイスを欲しがる娘に根負けして、自動販売機のアイスを買い与えた。ショッピングカートに乗り、ニコニコと笑顔を浮かべて紫色のぶどうシャーベットをなめている娘を見ていると、少しぐらいのわがままは許してあげたくなる。

アイスまみれになった娘の顔を拭《ふ》いてあげようとしたら、ふいにそっぽを向いて、誰もいない空間に向かってバイバイをし始めた。顔を拭かれるのがいやで、ごまかそうとしているのだと沙知絵さんは思ったが、娘は真剣な顔で手を振り続ける。

やめてよ、怖いから。沙知絵さんは微笑《ほほえ》みながら言うと、娘の顔を押さえて、ハンカチで顔をぬぐってやる。「ほら、おうちに帰るよ」と声をかけながら娘をカートから降ろし、自転車に乗せて帰宅した。

その日の夕食とお風呂を終えて、まだ職場から帰ってこない夫を待ちながら、沙知絵さんは娘を膝の上に座らせて、絵本を読み聞かせていた。お気に入りの絵本を読んであげていたら、娘は急に立ち上がって、壁のほうに向かって真剣な顔でバイバイをし始めた。やめてよ怖いなあ、バイバイできなかったの？ 苦笑しながら、沙知絵さんは娘を抱き上げた。まだうまく喋れない娘が「ママも、ママも」と言い出す。

沙知絵さんは、右手で娘を抱えたまま、さっき娘が手を振っていたほうに向かって、ばいばーい、と明るく言いながら軽く左手を振った。

左の耳元で、老婆のようにしわがれた声が「こっちだよ」とささやいた。

遺影供養

裕司さんのお父さんは、妻に先立たれ、七十歳になったのを機に終活をはじめ、住む人のいない実家を処分することにした。裕司さんにとっては、亡くなって久しい祖父母の家である。

建物や家財道具を処分するのは業者に頼んだが、遺影はそのまま捨てるわけにもいかないので、親族立ち会いのもと供養することになった。親族といっても、父と裕司さん、それに父の弟である叔父、その三人だけである。叔父は独身で、普段は遠く離れた地方に住んでいる。父によく似た、丸顔のおじさんであった。

仏間にしていた部屋の、鴨居の上には何枚もの遺影が並んでいた。父や叔父によく似た顔の祖父、やわらかい笑顔の祖母、二歳で亡くなったという父の姉、戦死した大叔父の出征写真、和服を着た厳めしい顔の曽祖父、表情がよくわからないほど劣化した曾祖母の写真……。父と叔父はいかにも懐かしそうにしているが、裕司さんにとっては、祖父母以外は会ったこともない人たちである。子供の頃は、これらの写真がどうにも怖かったのを、裕司さんは大人になってからも強烈な印象として覚えているそうだ。

最後の一枚を鴨居から降ろしたとき、裕司さんの父は「これ、誰だっけ」と叔父に訪ねた。叔父も「兄貴も知らないのか？」と怪訝な顔をしている。

古ぼけた白黒写真には、親族の誰にも似ていない、中年の男が写っていた。背広姿で、証明写真のようにまっすぐ前を向いて、面長の顔はまったくの無表情である。

裕司さんは、子供の頃から何度も祖父母の家を訪れ、この部屋に並んだ遺影を見たはずだが、この写真は記憶になかった。

「なあ兄貴、こんな写真、前からあったか？」

「俺は知らないぞ。おふくろの葬式のときは、なかった気がするけど」

父も叔父も、誰の写真かわからないどころか、そもそもこの写真自体に見覚えがないというのである。確かめようにも、親族はもう他に誰もいない。焼いてしまうのはためらわれたが、誰の写真かわからないのに持っているのも不気味なので、他の写真と一緒に処分することにした。

父も叔父も信心深いほうではない。わざわざお寺に持っていったり、お坊さんに読経してもらったりする手間やお金はかけず、三人で手を合わせて、庭でお焚き上げをするだけであった。

新聞紙をくしゃくしゃにして地面に敷き、そこに写真を置く。父が着火用の大型ライターで火をつけ、さらに線香の束を置いた。このやり方で合っているのかどうか、裕司さんにはわからなかったが、父と叔父がそれでいいならいいのだろう、と思ったそうだ。

新聞紙と写真は勢いよく燃えた。線香のおかげで、異臭はそれほど感じない。

瞑目し合掌していた裕司さんが、ふと目を開くと、開いたままになっている玄関から誰かが顔を出しているように見えた。

あの、面長の中年男が、わずかに顔を出してこちらを見ていた。

無表情だった写真の顔とは違い、満面の笑みを浮かべていた。

裕司さんが声をあげようとした瞬間、男の顔は引っ込んで見えなくなった。

父も叔父も、気づいていない。

合掌したまま動けずにいると、さっき男がいた玄関から、白いものがふわりと飛んだ。

信じられないほど大きな、真っ白い蛾だった。

蛾は裕司さんを嘲るようにその場をひらひらと飛び回ると、家の中へ入っていった。

裕司さんは、合掌していた手を放し、後を追って家に入る。

父と叔父が「どうした裕司」と声をあげるのが聞こえた。裕司さんは構わずに家の中を探してみたが、蛾はどこにもいなかった。


あとを追ってきた父と叔父に、裕司さんは「大きくて真っ白い蛾が飛んできたんだ」とだけ言った。それはきっとご先祖がお別れを言いにきたんだよ、などと笑われた。

あの男がいたことは、父と叔父には言えなかった。


来年には、お寺に頼んでお墓じまいもするそうである。

供養の式を、どう理由をつけて欠席しようか、裕司さんはずっと悩んでいるという。

ヒトガタ

ワンルームの安アパートに住んでいた昌史さんが、実家住まいだった彼女と同棲するため、新しい物件を探していたときのことである。

不動産屋ですすめられた物件があり、条件がいいので内見することにした。駅から徒歩十分以内で、近くに商店街もあり、広さも家賃も手頃で、昌史さんは気に入った。不動産屋の中年男は、「いい物件でしょう」と自慢げにしている。

昌史さんは、何の気無しに押入れを開けてみた。すると、壁に何か貼ってある。人間の形に切り抜いた、高さ十センチほどの白い紙だった。何か書かれている。書いてある文字はハングルだった。

昌史さんは、「何か告知事項ないですか」と訊いてみたが、不動産屋の中年男は「いや、別に何もないですけど」と言うばかりで、特にとぼけたりごまかしたりしているようにも見えなかった。

昌史さんは、「彼女と相談してから決めます」と言ってその場から逃げた。

自宅の安アパートに帰ると、バイトから帰宅した彼女が電話をかけてきた。「帰ってきたら家の前に変な紙が落ちてる、怖い」と言う。

ヒトガタの白い紙に、読めない文字で何か書いてあるというのだった。

その次の日、彼女は「何も聞かないで別れて」と切り出してきた。昌史さんが何を言ってもまったく無駄で、とにかく何も言えない、ほかに好きな人ができたのかできないのかも言えない、あなたが嫌いになったとも嫌いになっていないとも言えない、とにかく何も聞かないでほしいの一点張りだった。昌史さんも、あまりの自分勝手と意固地さに憤りを感じ、そのまま別れてしまったそうだ。

ヒトガタに書いてあった文字の内容は、昌史さんも元彼女もハングルはまったく読めないので、五年経った今でもわからないままである。

昌史さんは、当時住んでいたワンルームの安アパートに、今でもひとりで住んでいる。物件探しはもう二度とやりたくないそうだ。

実験結果

満也さんは、怖いものや不思議なものが大好きな子供だった。妖怪や地獄、幽霊、怪奇事件に呪いといった、怪しげな題材の児童書は今も昔も多い。満也さんはそんな本をたくさん買ってもらっては、読んで悦に入っていたそうだ。要するに私のお仲間である。

とはいえ、たいていの子供は大きくなれば卒業するものだ。大人になってもそんなものに耽溺《たんでき》しているのは、私たちぐらいである。満也さんもご多分に漏れず、中学でバスケ部へ入る頃には興味を失い、本棚の奥へ押し込めてしまったそうだ。

満也さんは大学へ入るため上京し、就職してからは実家に足を向けることも少なくなった。親と折り合いが悪いわけではないそうだが、なんとなく居心地が悪いというのである。私にはよくわからない感覚だ。

そんな彼が、数年ぶりに実家へ帰ったときのことである。

お母さんが、「そろそろ本も処分してよ」というので、本棚に詰め込んだ書籍を整理していった。途中の巻しかない漫画、ろくに読みもしなかった参考書、ベストセラーになった人気タレントのエッセイ本ばかりで、たいしたものはない。廃品回収用の段ボールへ次々に詰め込んでいった。

満也さんは、小学生の頃に買い集めたオカルト系の本も、取り出して段ボールに入れようとしたが、ふと気まぐれを起こして、ページをぱらぱらと手繰ってみた。

それは、魔術と呪いのやり方について書かれた本だった。

二色刷りの赤っぽい誌面で、インクは劣化して裏側のページが滲んで見えそうになっていたが、なんとか読める。内容は他愛のないもので、お母さんにガミガミ叱られなくなる魔法とか、学校でいじめられないための魔法とか、そんなものばかりだった。

「こんなのを喜んで読んでいたかと思うと、恥ずかしくなりましたよ」と言う満也さんに、私は恥ずかしくなるばかりである。

その中に、死者を呼び出す方法が書かれていた。

夜中に、地面に魔法陣を描いて、黒い鶏を引き裂きながら呪文を唱える。そうすると骸骨の姿をした死者が現れ、知りたいことを何でも教えてくれるというのである。

なるほど、魔術書《ル・グリモワール》『赤い竜』のやつですね、と私は言ったが、満也さんはぴんとこない様子だった。魔術の中では最もよく知られたもののひとつである。

いや、グリモアだかギルモアだかわかんないけど、そんなのはいいんですよ。僕は本に書き込みなんかしたことないはずなのに、その本を見たら、どのページにも「失敗」「失敗」と赤いインクで書き込まれていたんです。だけど、そのページにだけ「成功」と大きく書いてあったんですよ。

僕は一人っ子だし、あの本はずっと本棚に押し込めてあったんだから、そんな書き込みをする人なんかいるはずがないんです。これはいったいどういうことなんですか、どうすればいいんですか。あんな本を集めるのがよくない、ってことなんですか。教えてくださいよ、あなたプロなんでしょう。

満也さんは懸命にすがりついてくるが、私は「成功したんであれば、いいんじゃないですか」と返すしかなかったが、納得してくれそうにない。

なお、本は気持ち悪くなってビリビリに引き裂き、川へ流してしまったそうである。もったいないことをしたものだ、と思う。

「本当に、たいした話じゃないんですよ。それでもいいですか」

いいですよ、と私は言った。ほんのり赤い顔をした智之さんは、先ほどからしきりにこう言っている。日本酒の徳利が空になりそうだったので、追加注文をする。近頃の居酒屋では、入店したときにQRコードをもらって、それをスマホで読み取って注文を行うようになっている。私などは気楽でいいと思うが、店員とのコミュニケーションを楽しみたい人にとっては味気ない世の中であろう。智之さんはそっちのタイプのようだった。

不思議な体験なら俺にもありますよ、というので話を聞いてみたのだが、謙遜《けんそん》するばかりで肝心の話をなかなか語ってくれない。こんな話でいいんですか、と言われても、聞いてみないことには判断できないのだ。私は、内心の苛立ちを顔に出さないように気をつけながら、テーブルに到着した徳利から智之さんのお猪口に酒を注いだ。

俺が結婚する前の年だから、もう七年も前のことです。あの頃は仕事がとにかく忙しくて、毎日終電で帰ってはベッドに倒れてバタンキューだったですよ。え、最近はバタンキューなんて言わないんですか。そんなこと言われても仕方ないじゃないですか、俺も古い人間ですからね。あんたも同じようなものでしょう。

朝は毎日五時に起きて、早朝出勤してました。それが習慣になっちゃってね、目覚ましをかけるまでもなく目が覚めるんですよ。眠くて眠くて仕方ないのに、必ず起きちゃうんです。不思議なものですよ。でも仕事は楽しかったです。やり甲斐ありましたよ。頑張れば頑張るほどリターンがある仕事ですからね。

それでね、あの日はいつもより早く目が覚めたんです。枕元の時計を見たらまだ四時でね、時間にまだ余裕があるからもう少しゴロゴロしていようと思って、寝返りを打って身体を横向きにしたんですよ。ちょうど壁に向き合う感じになってね。白い壁でした。

俺の眼と、ちょうど同じところに眼があったんです。壁に眼があったのか、空間に浮かんでいるのかはわからなかったけど、横になった俺の両眼とちょうど目が合う位置に、ふたつの眼が。

うーん、よく思い出してみると、眼球が空間にぽっかり浮かんでいる感じではなかった気がするな。開いたまぶたから見えている眼だったと思う。瞳が大きくて、黒目がちというか、ほとんど全部真っ黒なんですよ。あれはヒトの眼じゃないな。馬か何かの眼だった気がするんです。

それが見えたとき、驚きませんでしたか。私は、自分の注文した烏龍茶を一口飲んで、声の通りをよくしてから智之さんに訊いてみた。

なんていうかね、驚くとか驚かないとか、そういう感じではないんですよ。ああ、あるんだな、って。そんな感じです。夢を見ていたわけでもないし、金縛りに遭ったわけでもない。ただ、壁に眼があったんです。それ以上でもそれ以下でもない。怖いとか怖くないとかもないですね。そこにあるものが見えた、というだけの感情しかありませんでした。しばらくまぶたを閉じて、また開いたらもう眼はなかったです。時計を見たら、もう五時半になっていました。あわてて飛び起きて、大急ぎで出社しましたよ。

変なものを見たな、と気づいたのはその日の仕事を終えて、深夜に帰宅してからでした。なんでなのかな。

でもね、今でも「何だったのかな」「不思議だな」とは思うんだけど、怖かったとは全然思わないんです。あの眼はねえ、なんだか優しかった気がするんですよ。だから、こんな話でいいかどうかわからなかったです。本当にこんな話でよかったんですか?

いいかどうかを決めるのは智之さんではなく、私でもなく、読者諸氏の権利である。
なお、智之さんはその翌年に結婚して引っ越しをしたので、その壁に向き合うことはもうない。仕事は当時と変わらず、金融業者で主に取り立てをしているそうだ。

スカイドッグ

秀美さんが小学二年の頃、学校へ向かって歩いていたら、公園の前を通りがかったとき、後ろから走ってきた大きな白い犬に追い越された。

犬は、秀美さんの目の前で公園のすべり台に駆け上がると、透明な階段を登るように空中へ駆け上がっていき、あっという間に見えなくなってしまった。

それまで犬が怖くて仕方ない子供だった秀美さんだが、あの犬を見てから無類の犬好きに変わり、大人になった今に至るまで、白くて大きな犬ばかり飼い続けている。

今の犬は六代目で、歴代どの犬もそれぞれ個性があって可愛いのだが、いつも「この子は違うな」という思いが心のどこかにあるという。

蜘蛛の糸

北関東の農村に住む、宏也さんから聞いた話である。

夏の夕方に勤め先から帰宅し、犬を散歩させるため真っ暗なあぜ道を歩いていた。灯りは懐中電灯だけである。

大きな木のそばを通ったとき、宏也さんの顔に何か細いものがまとわりつくのを感じた。巣を張ろうとしていた蜘蛛の糸だろうと思い、大して気にもせずに軽く振り払った。

三十分ほど周囲を歩き回って、犬のふんも始末して帰宅する。近所に歩いている人はおらず、途中で誰にも会うことはなかったそうである。

玄関を開けて家に入ると、お母さんが「どうしたのそれ」と声をかけてきた。

宏也さんの顔から胸にかけて、長い髪の毛が何本もまとわりついていたのである。

髪の毛は七本あった。気持ち悪さを我慢しつつ注意深く取り除いて、縁側でまっすぐ伸ばしてみたら、大人の頭から腰ぐらいまでの長さがあったそうだ。

それも、黒髪や白髪ではなく根本から毛先までむらのない金髪で、たったいま抜いたばかりのように毛根がついていた。

宏也さんの自宅周辺で、金髪の外国人を見かけたことは一度もないという。

その髪の毛は、どう処分したらいいか悩んだ末に、白い紙に包んで土に埋めたそうだ。

遠くへいきたい

英樹さんの仕事が繁忙期に入って、何日も続けて深夜まで残業をしていた。

その日も終電近くまでパソコンに向かい、帰りの電車では吊り革につかまって、しょぼしょぼした目を少しでも休めるため、暗い窓の外をぼんやりと眺めていた。

隣の線路を、並走する列車が走ってきた。

少しだけ向こうのほうが速く、こちらの車両が追い越されていく。

並走している車内に、英樹さん自身が乗っているように見えた。

くすんだグレーの背広に身を包んでいるこちらとは違い、カジュアルなオレンジのシャツにコーデュロイの上着を合わせて、隣にいる見知らぬ美女と楽しそうに談笑していた。

少なくとも英樹さんにはそう見えたという。

英樹さんが目を見張っている間に、隣の車両はこちらを追い越して去った。

窓に顔を寄せて、走り去ったはずの前方を見ると、さっきの車両はもう影も形もない。

あれから何度も同じ時間の列車に乗ったが、並走する列車に追い越されたことは一度もないそうだ。

あの列車がどこへ行くのか知りたい、と英樹さんはしきりにこぼしている。

乗れるものなのか、仮に乗れたとしてどうなるのか、私にはわからない。

スローフォワード

学生時代はラガーマンだった謙吾さんが、職場の後輩と一緒に営業先へ向かって、オフィス街を歩いていたときのことである。

小柄な若い女性が、前方から歩いてきた。就活でもしているのかリクルートスーツ姿で、ビジネスバッグを手に持ち、髪をポニーテールにしている。どこにもおかしな点はなく、謙吾さんはとくに気にも留めなかった。

すれ違いざまに、その女が手に持っているバッグを謙吾さんの顔面に投げつけてきた。中に鉄板でも仕込んであるのかと思うほど重く、硬い。

鼻筋の上あたりに強い衝撃と痛みを感じ、謙吾さんは目がくらんだ。

次の瞬間、胴体に何かがぶつかり、同時に両足を凄まじい力で引っ張られた。タックルされたのだ、とわかったときにはもうコンクリートの上に倒されていた。

謙吾さんが次に気がついたときは、病院のベッドの上だった。

救急車を呼んでくれた、一緒にいた後輩の話では、謙吾さんは何もない路上でいきなり仰向けに倒れたのだという。前から歩いてきた女の姿は見ていない。誰もいなかった、と後輩は話したそうだ。

あんな強烈なタックルは、初めて受けましたよ。でも、持ってるものを前に投げるのはラグビーじゃ反則ですからね。

精密検査の結果、脳に異状は見つからず、貧血かストレスによる迷走神経反射のたぐいであろう、ということで退院した謙吾さんはこう語った。反則か反則でないかでいえば、スローフォワード以前にいろいろとこの世のルールに反しているような気がするが、謙吾さんはそこをあまり気にしていないようだった。

密室事件

亮一さんが高校生の夏休みに体験した話だが、果たしてこれは怪談に属するものか否か、私にも判断がつきかねるものである。

さわやかなはずの朝だった。亮一さんが、自宅二階の部屋で目を覚ますと、右の頬に違和感がある。触ってみると、何やらぎざぎざした跡がついているようだった。

ベッドの上には、そんな跡がつきそうなものは何もない。枕も、表面がつるんとしたごくシンプルなものである。

亮一さんは、部屋から出て階段を駆け下り、洗面所の鏡に自分の顔を映してみた。

顔についているのは、明らかにスニーカーの靴跡だった。親指の付け根にあたるところはぐるりと丸い円を描いていて、全体はぎざぎざした模様になっている。

それも、ものすごく大きかった。亮一さんの頬についている跡はつま先側の半分ほどで、全体の大きさは三十センチをくだらないだろう、と思ったという。

うちの家族はみんな小柄で、僕の足も二十五センチしかないんです。もちろん、そんなでっかい靴なんかありません。ちゃんと玄関の鍵もかけてあったし、僕の部屋の窓もしっかり施錠していました。でも顔にくっきり靴跡がついていたんですよ。幽霊って足がないはずじゃないですか。足だけの霊っているんですか。それとも、誰かがこっそり鍵を開けて入ってきて、僕の顔を踏んづけていったんですか。足の大きさからいって、身長二メートルはあるやつが、ですよ。そんなトリックがありますかね。

大学生になった亮一さんは居酒屋のカウンターで、横に座った私にこう力説している。一見すると中学生ぐらいかと思うほど小柄な亮一さんの、つやつやした頰には痣《あざ》ひとつなく、酒のせいかほんのりと赤らんでいる。

私も密室ミステリは大好物だが、探偵の素質はないらしく、トリックはひとつも思い浮かばなかった。

ハイウェイの猿

つい昨日の話です、と美恵子さんは切り出した。

隣県の、実家の菩提寺で、私が生まれてすぐ亡くなった祖父の三十三回忌法要を済ませて、自宅へ帰るために県境の高速道路を車で走っていたんです。

雨が降ったり止んだりしていて、そろそろ日が暮れる時間で、薄暗くなっていました。人里離れた山奥だし、寂しい感じでしたね。

そうしたら、路肩にしゃがんでいる子供がいたんです。

びっくりして、つい急ブレーキを踏みました。空いている時間だからよかったけど、もし後続車がいたら追突されていたかもしれません。怖いですね。

でもよく見たら、子供だと思ったのは猿だったんですよ。ちょうど人間の子供ぐらいの大きさなんですよね。ほっとしましたし、笑いそうになりました。

でも、猿なら轢いていいわけではありませんから、気をつけて前を通り過ぎようとしたんです。

そうしたら、猿がこっちを向いて、私の車めがけて何かを投げてきたんですよ。投げてきたのは、何かはがきぐらいの大きさの、紙のようなものでした。うっすら濡れたフロントガラスの、ちょうど私の目線の位置にぴったり貼り付いて、ワイパーを動かしてもなぜか取れないんです。もう心臓が口から出るかと思うぐらいびっくりして、とにかく安全を確保しなくちゃ、と思って恐る恐る車を路肩に寄せて、ハザードランプを点けて停車しました。後続の車に突っ込まれたらひとたまりもありませんから、本当に怖かったです。

こういうときは発煙筒を出したり、道路の管理者に通報したりしなくちゃいけないんでしょうけど、もう無我夢中で、とにかくフロントガラスにくっついたものを剥《は》がそうと思いました。車から出るときは、もう悲鳴を上げながらでしたね。

くっついていたのは、古い写真だったんです。セピア色に退色して、カラーだったのかモノクロだったのかもよくわかりませんでした。写っていたのは、知らない家族だったと思います。若いパパとママ、赤ちゃんとおじいちゃんの四人でした。どこかの家で、和室で撮ったもののようでしたね。

猿はもうどこかへ行ってしまって、影も形もありませんでした。知らない家族の写真なんて気持ち悪いし、猿がそんなものを持っていたのもおかしいですよね。こんなもの持って帰れないから、路面に叩きつけて、すぐ運転席に戻りました。その写真をタイヤで踏みつけて、そのまま自宅まで帰りました。ええ、なんだかすごく腹が立ったんです。猿のくせにこんな気持ち悪いことするなんて、生意気だと思いました。だってそうでしょう、なんで私がこんな思いをしなくちゃいけないの。おじいちゃんのことは覚えてないけど、ちゃんとご法事にも出席して、冥福を祈ってきたんですよ。その帰りにこんなの、納得できないですよ。

美恵子さんは、いかにも憤懣《ふんまん》やるかたないといった調子でまくしたてる。

私は、どうしてその写真を持って帰ってきてくれなかったのかという思いでいっぱいだったが、口を挟むタイミングを見つけられずにいた。

お世話になりました

ある地方の公立病院で、ナースとして長年にわたって勤め、昨年に定年退職した和恵さんの話である。

十年ほど前に、和恵さんの勤める病棟へ入退院を繰り返している患者がいた。六十歳ぐらいの男性で、たいへん柔和な印象を受ける、小柄で髪の薄い人だったそうだ。

ともすればナースに高圧的な態度を取りがちな中高年男性にあって、その人はとても礼儀正しく、入院するときは「お世話になります」と、ナースにも、清掃スタッフにも、みんなにしっかりと挨拶をし、退院していくときは「お世話になりました」と、やはりみんなに優しい声で挨拶をしていくのだった。

和恵さんが当時勤めていたのは、ガン病棟である。

その患者さんは、まだ六十歳だが肝臓からすい臓にガンが転移し、すでに余命宣告を受けていたそうだ。それでも、自暴自棄になることも、また無理に明るく振る舞うこともなく、主に痛みを和らげる治療を、淡々と受けていた。

三度目の入院が、最後となった。

あたたかい春の日に、奥様と、まだ若い娘さんに看取られて、安らかに息を引き取ったのである。

ご遺体もご家族も居なくなり、病室の片付けをしていた、夜の十一時ごろだった。

ベッドを片付けていた和恵さんが、ちょうど枕元のあたりに耳が近づく体勢になったときのことだった。

あの患者さんの声で、たしかに「お世話になりました」と言うのが聞こえた。

少しも怖い感じはなく、あたたかく優しい気持ちになったそうだ。

そんな体験をしたのは、あのとき一度だけです。病院に長く勤めて、ひとが亡くなるところも数え切れないほど目の当たりにしてきましたが、あのようなことはほかにはありませんでした。

あれから十年が経ちまして、私も去年に病院を定年退職したんですが、まだ働かないと生活が苦しいので、介護ヘルパーの仕事を始めたんです。

そうしたら、事業所で私の研修をしてくれたのが、偶然にもあの患者さんの娘さんだったんですよ。

私のことは覚えていらっしゃらないようでした。

お父様のこのエピソードを、お話ししようかどうか迷ったのですが、研修に来ている立場の私がそんなプライベートな話をするのもどうかと思いまして、結局話せずじまいでした。

でも、今になって考えると、やっぱりお伝えしておいたほうがよかったな、と思うんですよね。もったいないことをしたな、と思っています。

和恵さんは、ヘルパーになって痛めたという腰をさすりながら、こう話してくれたのだった。そちらの業界に入ってからも、不思議な現象には行き当たっていないそうだ。

わすれるな

宗一郎さんのお祖父さんのひいお祖父さん、つまり五代前の先祖である宗右衛門が明治初期に体験した話だという。

宗右衛門は、中部地方のある村で農業をしていた。ご一新を経ても生活が大きく変わることはなく、相変わらず田を耕していたそうである。

ある夜、宗右衛門の家を旅の僧侶が訪ねてきた。汚れてぼろぼろになった僧服をまとい、髪の毛も伸びて蓬髪になっていたという。聞けば、自分はかつて武士だったが信条のために人を殺めてしまい、菩提を弔うために巡礼の旅をしている、ついては一夜の宿をお貸し願いたい、というのだった。

宗右衛門は、その僧に何やら気味の悪さを感じ、悪いがうちには人を泊めるような余裕はない、よそを当たってほしい、と断った。すると、僧はみるみる大きくなり、雲をつくようなひとつ目の大入道となった。

がはははは、勘のいいやつめ。家に入りさえすればこちらのもの、お前を頭から食ってやるつもりだったのだ。ゆめゆめ、儂のことを忘れるでないぞ。大入道は、寺の鐘をつくような大音声でそう言うと、夜の闇に吸い込まれるように消えてしまった。

肝をつぶした宗右衛門は、隣の家に駆け込んで助けを求めたものの、さっきの大音声も隣人にはまったく聞こえておらず、寝ぼけていたのではないかと笑われたそうだ。

それほど珍しくもなさそうな、素朴な民話である。

家主の許可がないと家に入れない、というのは西洋の吸血鬼にも通じる性質であり、そこは多少の新味があるといえなくもないが、それだけだ。

宗一郎さんは、しかしこの話をいたって真剣な顔で語るのである。

私は、ありがとうございました、民俗学的に貴重なお話だと思います、と言って話を切り上げようとしたが、宗一郎さんは、いや、まだ続きがあるんです、と私を引き留めた。

宗右衛門の時代からすでに百五十年ほど経過し、直系子孫は中部地方から流れ流れて、宗一郎さんの親の代からは北海道に住んでいる。

それでも、この家の長男は五歳になると決まって夢を見るのだという。

ひとつ目の大入道が、げらげらと笑いながら「儂のことを忘れるでないぞ」と叫ぶ夢である。

宗一郎さんも五歳の頃に見て、あまりの怖さに熱を出して三日三晩寝込んでいる。宗右衛門の話を聞いたのは、快復した後だった。お父さんも、お祖父さんも、みんな五歳の頃に同じ夢を見たのだ。

八年前に結婚した宗一郎さんには、六歳になる娘がいる。娘さんは、あの夢を見ることなく六歳になったそうである。

奥さんはいま第二子を妊娠している。まだ初期で、男の子か女の子かはわからない。

墨汁のような

典史さんは、何年かに一度の割合で、真っ黒い尿が出ることがある。病気や過労による血尿とは違う。褐色の液体ではなく、墨汁のように真っ黒なのだそうである。病院に行っても異常が見つかったことはない。

ただ、それが出ると、決まって数日以内に奥さんの浮気が発覚するという。

武之さんが事業に失敗して、夜逃げするように遠い街へ引っ越したときのことである。

とにかく家賃を安く抑えたかったので、敢えて「告知事項あり」の物件を選んだ。大家は白髪のおじいちゃんで、しきりに眼鏡の位置を直しながら「まあ気にする人はするかもしれませんけどね、別に事件性のあるものじゃないですから、そんなに気にしなくていいですよ。ちゃんとおはらいもしてあるし、事件とかじゃないですから、ね」と繰り返していたのが印象的だったそうだ。

前の住人に何があったのか、聞きたくもないので詮索しなかった。どの駅からも遠い坂道の途中にある、古い木造アパート二階の六畳ひと間で、家賃の安さを考えても、狭くて暗くて不便な物件だったが、そんなことを気にする余裕はない。わずかばかりの荷物を運び入れ、新生活を始めた武之さんは、再起のため新事業のアイデアを練っては売り込みのため営業に奔走する。

生活は苦しかったが、今に見ていろという反骨心のようなものが燃えていたそうだ。

事故物件というと、押入れなどにお札が貼ってあることが多いが、そのアパートでは、おはらいが済んでいることを殊更アピールするかのように、長押《なげし》の上にうやうやしくお札がまつられていた。白い紙に、大きな梵字がひと文字だけ書いてあるものだった。

霊魂も信じないし神仏にも興味はないという武之さんだが、なんとなくそのお札を見ていると安心した。

形式はなんでもよく、誰かが意識してこの部屋の安寧を願っている、という事実が武之さんの心を和ませたのである。

ある朝、武之さんは目覚めると、窓を開けて外の空気を入れようとした。

すると、窓のそばに立った武之さんをめがけて、ばさばさと音を立てながら鳥のようなものが飛びかかってきた。

あわててよけた武之さんが目にしたのは、まん丸い目玉をぎょろりとむいた、灰色の大きなフクロウだった。

フクロウは、開いた窓から武之さんを押しのけるようにして部屋の中に入り込むと、長押の上にあったお札を鋭い足の爪で引っ掴み、あっけに取られている武之さんを尻目に、入ってきた窓から飛び去っていって、あっという間に見えなくなってしまった。

武之さんは、六年経った今でも同じアパートに住んでいる。

事業家として再起するという夢は今のところ叶っておらず、コンビニの深夜バイトで生計を立てているそうだ。

渡り廊下ですれ違う

重行さんが小学六年生の頃、昼休みが終わって図書室から教室へ戻るため、渡り廊下を歩いていると、向こうから知らないおばあさんが歩いてきた。真っ白の髪を結い上げていて、すっかり腰が曲がり、地味なカーディガンを着てズボンをはいている。

なんで学校におばあさんがいるんだろう、と訝《いぶか》しんでいると、後ろから女子児童が重行さんを追い越して走っていき、おばあさんとぶつかりそうになった。

重行さんが声をかける間もなく、その女子はおばあさんの身体をすり抜けて、何事もなかったようにそのまま走っていった。おばあさんが見えているのは、重行さんだけのようだった。

おばあさんは、重行さんのほうを見ることもなく、そのまますれ違って歩いてゆき、突き当りの壁に吸い込まれた。

次の日から、重行さんは卒業するまで半年間、不登校になったそうだ。

猫の気配

ひとり暮らしをしている遥香さんが、部屋のベッドでの寝入りばなに、仰向けになった胸の上をとんとんと小さなものが歩くような感触がした。

去年死んだアメリカンショートヘアーの飼い猫、富士丸くんが帰ってきたのかと思い、遥香さんはその感触を懐かしんで、あたたかい気持ちになっていた。

いきなり右の乳房をぎゅうっと鷲掴みにされた。

ひっ、と声をあげつつ飛び起きると、パジャマの前ボタンが全部ちぎれていた。

隣の席の子供

保険外交員をしている真知子さんが、お客さんとファミレスで商談をしていると、隣のテーブルの上で、身長十センチぐらいの子供ふたりが、手をつないで踊っていた。

和服姿の、坊主頭の男の子とおかっぱ頭の女の子だった。

このところ忙しくて疲労がたまっており、昨夜は資料作りで睡眠不足だったせいで幻が見えているのだろう、なるべく近いうちに休んで心療内科を受診しよう、と思いながら真知子さんは商談を続けた。

踊っていた子供たちが、手をつないだままこちらのテーブルへ飛び移ってきた。

グラスが、男の子に蹴り倒される。水がこぼれて資料が濡れてしまった。

真知子さんがあわてて資料を取り上げると、子供たちの姿はどこにもない。お客さんは怪訝《けげん》な顔をしている。

次の日、真知子さんは仕事を休んで心療内科の病院へ行ったが、診察は予約制だと言われて受診できず、仕方ないので眼科を受診し、点眼薬と飲み薬を出してもらったそうだ。

これで治りますよね、と真知子さんは不安げな様子である。無責任なことは言えないが、きっと治りますよ、と言っておいた。

原因が身体の外にあるにせよ、服薬という手段は「お前の存在を認めない」というメッセージを放つことになるであろう。私はそう考えることにした。

うちのマンドラゴラ

智子さんが冷蔵庫の野菜室を開けて大根を引き抜くと、右の耳元で女の悲鳴がとどろいた。周りには誰もおらず、テレビやパソコンもついていない。

その後三日間、智子さんは耳鳴りと難聴に苦しんだが、耐えかねて耳鼻科の病院へ行くことを決めたら靴を履いている間に治り、検査してくれた医師にこの話をしたら一笑に付された。

ここで降ろして

和志さんは、地元の先輩に紹介されて付き合い始めたばかりの彼女を助手席に乗せて、真夜中の港湾道路をドライブしていた。真っ暗な倉庫街と、海を照らす灯りのコントラストが、ロマンティックに感じられる。走っている車はごく少なく、前を一台のタクシーが走っているだけだった。

前を走っていたタクシーの、トランクが突然開いた。と、中から坊主頭で筋骨隆々の男が飛び出し、手を十字に組んでこちらの車に体当たりをしてきた。

和志さんが急ブレーキを踏むと、ボンネットの上にも路上にも誰もおらず、さっきまでいたはずの、前を走っていたタクシーすら影も形もない。

何が起きたのかわからず、和志さんは早鐘を打っている心臓を落ち着かせようと深呼吸していた。

助手席の彼女は、何も見えていなかったらしく「どうしたの?」と訝しんでいる。

いま起きたことを伝えると、急に暗い顔になって「ここで降ろして」と言い出した。

夜中にこんなところで降ろせるわけないだろう、どうやって帰るつもりなんだ、としばし押し問答をした挙げ句、彼女は強引に助手席のドアを開けて車から降り、どこかへ走り去ってしまった。

それ以来、彼女と連絡が取れない。

彼女のことを紹介してくれた、地元の先輩に聞いても「お前に女なんか紹介した覚えはないぞ」と言われるばかりだった。

砂場の子

大学を出て就職したばかりの颯太さんの顔には、大きな傷跡がある。口の右端から耳の上にかけて、鋭利な刃物で切りつけたような傷である。

ちょっと奇異な目で見られることはあるが、とくに差別を受けた記憶はなく、不自由を感じたこともないそうだ。

その傷は、颯太さんが幼稚園児の頃にできたのだという。

公園の砂場で、何人かのお友達と一緒に遊んでいると、自分たちより明らかに幼い、三歳になったかならないかぐらいの、腫れぼったい目をした女の子が、ひとりでやってきた。

わたしもいっしょにあそびたい、というので優しくしてあげようと思い、仲間に入れてあげた。

颯太さんは、女の子と一緒に砂で大きな山を作り、トンネル工事をして穴をあけてやる。穴に手を通して、女の子は満足げだったそうだ。

女の子のママらしい、大人の女性が来た。その子は「おにいちゃんありがとう」と言って颯太さんの頬を砂だらけの手ですっと撫でた。

まったく痛みも違和感もなかったが、周囲の子が悲鳴をあげたのを見て、颯太さんは自分の頬がざっくりと裂けて血を吹き出していることに気づいた。その瞬間に意識が飛び、次に気づいたときは病院のベッドの上にいたそうだ。

一緒に遊んでいた友達に聞いても、そんな女の子はいなかったと言われる。警察も捜査したが、結局、幼い颯太さんの顔を切り裂いた犯人はわからず仕舞いだった。

ただ、颯太さんの祖父だけは、その女の子の話を聞いて青い顔をしたというが、その祖父は何も話さないまま昨年鬼籍に入った。結局、腫れぼったい目をした女の子のことは何もわからないままである。

真夜中の太陽

真樹夫さんはその日も終電の時間まで残業をして、疲れ果ててオフィスビルのエレベーターを降り、建物から出ると外は明るく、空には真昼の太陽が輝いていた。

なぜか奇妙に思うこともなく、そういうこともあるか、と思って駅まで歩き、混んでいる電車に乗って、家の最寄り駅で降りたら夜になっていた。

それ以来、真樹夫さんが自宅で眠ろうとすると人間の形をした真っ白い羽毛の塊のようなものが部屋の中を縦横無尽に飛び回るので、ろくに寝られないとこぼしている。

仕事はしていない。

あの次の日に会社へ行ったら、なぜか自分は半年も前にクビになったことになっていたんですよ、はははは、と真樹夫さんは六杯目のハイボールをあおりながら笑った。

青春の面影

七十六歳になる寛一さんが、いきつけの喫茶店でモーニングを楽しんでいたときのことである。

ふいに「あら寛ちゃん、お久しぶり」と声をかけられた。見ると、へそ出しの短いTシャツにゆったりとしたシルエットのズボンを合わせた、二十歳になるかならないかぐらいの若い女である。

寛一さんは、心当たりがないので「どちらのお嬢さんですか」と尋ねてみた。

「あら忘れたの、同じ中学の加奈子だよ。あんたあの頃、私をモデルにした小説を書いてたじゃないの」

女はそう言うと、足早に店を出て去っていった。寛一さんが後を追っても、店の外には誰もいなかった。

ええ、六十年以上前のことですが、たしかに私は加奈子という同級生に想いを寄せていて、彼女がモデルの小説をノートに書いていたこともあります。

加奈子のことを想う、私も含めた何人かの男たちが、誰が彼女のことを一番愛しているか議論するという、中学生にしては背伸びした話でした。でも、その小説は誰にも見せたことがないし、話したこともありません。

それに、あの娘は加奈子には似ても似つかないんです。加奈子はほっそりと切れ長の目で、面長でたおやかな顔立ちでしたが、あの娘は猫みたいにぱっちりした目の、小さな丸顔でした。

あれは一体何だったんですかねえ。私もボケてきたんでしょうか。

きっと大丈夫ですよ、ちゃんとした怪異だと思います、としか私は言えなかった。

ちゃんとした怪異とは一体何なのか、自分で言っておきながら私にもわからない。

傘をひらいて

雨が強く降り出したので、バッグの中から折り畳み傘を取り出し、開いた。
傘の中から真っ黒の鴉《からす》が出てきて、ひと声大きく啼《な》いてどこかへ飛んでいった。

美しきランナー

原付を使って料理の配送バイトをしていた。

ある夜、ひと気のない暗い道で、ピザのお届けに向かっていると、後ろから猛烈なスピードで走ってきた虎に追い越された。

くっきりと縞模様を浮き立たせた、獰猛な美しさに溢れたしなやかな肢体が、躍動しながら闇の中へ吸い込まれていくのを、なすすべもなく眺めていた。

到着すると、冷めかけているはずのピザが、なぜか触れないほど熱くなっていた。

押し入れの中

奥さんと知り合った頃、住んでいたアパートの話なんだけどね。もう四十年も前になるかなあ。木造の小汚いアパートでね、あの頃で築三十年以上だったから、たぶん戦後すぐにできた建物だったのかな。玄関で靴を脱いで、スリッパで上がり込む廊下の、両側に部屋があるタイプ。まだそういうのが残ってたんだよね。

満雄さんは、コップ酒をちびちびと飲み、ホッケの開きをつつきながら、額の汗をハンカチで拭い、話しはじめた。大手企業で定年を迎えたのち、嘱託《しょくたく》として再雇用され、悠々自適と言っていい生活をしている人だ。

うらやましいご身分であるが、そんなことよりまずは体験談に耳を傾ける。

狭いアパートだったからさ、押し入れのふすまを取っ払ってね、上の段をテレビ台にしてたの。十四型のちっちゃいやつね。そんで下の段には布団を入れて、スペースの有効活用だなんつっていい気になってたんだよ。
それでね、付き合い始めたばっかりの彼女、今の奥さんだけど、アパートによく来て泊まってたんだよ。意外とあの部屋も気に入ってくれたみたいでね。エアコンなんかないから、夏は扇風機で涼むぐらいしかできないの。あんたみたいに若い人は知らないだろうけどね。

私だってそんなに若くはない。内臓といい関節といい、全身あちこちにガタがきている、一般家庭にエアコンが普及していない時代に育った世代なのだが、そんなことを言っても仕方がない。つまらない口を挟むのはやめておこうと思った。

あのときは涼しくなってたから、秋の晩だったよ。夜遅くまでふたりでテレビを見てね、ビールなんかも飲んだりして、まだ付き合い始めたばかりだったから、何もかも楽しかったね。それで布団を出して、ふたり並んで寝たわけだよ。
俺がちょうど押し入れのある側で、横向きになれば下の段が見える位置で寝てたんだけど、うとうとし始めたころに、いきなりふくらはぎが攣《つ》ってね。あわてて足を伸ばそうとしたら、今度は全身がぴーんと突っ張って動かなくなったの。

やばい、これが金縛りってやつかと思ったね。あんなの初めてだったし、どうしたらいいかわからなくて、とにかく身体を動かそうと必死になったんだけど、全然動かないんだよ。目をつぶることもできなくて、とにかく目の前の、暗い押し入れの中を見せられてる感じになったんだよね。

そうしたらね、押し入れの中で何かが、もぞっと動いたんだよ。

電気も消してあるし、押し入れの中なんて真っ暗で何も見えるはずないんだけど、何か小さいものが動くのが、なぜか見えたんだよ。何だろうと思ってさ、じっと見てると形がわかってきたの。

赤ん坊なんだ。

ちっちゃな裸の赤ん坊がね、ゆっくりハイハイしてるんだよ。明かりのない、真っ暗な押し入れの中で、なぜか薄ぼんやりと光って見えるんだよね。

身体は全然動かないし、声も出せないし、目をつぶろうとしてもできなくて、ただそいつを見せられてるんだ。何だこれ何だこれ何だこれ、って頭の中でぐるぐると同じ言葉を繰り返してるだけだったね。

そいつがこっちを向いたの。ちっちゃな赤ん坊がね、こっちを向いたんだよ。どんな顔してるのかなと思ったらさ。

俺なんだよ。

髪型まで、当時の俺とそっくり同じ顔をした赤ん坊がね、にやにや笑いながらこっちを見てるんだ。嫌な顔だったね。自分の顔って、いきなり見せられるとあんなに嫌なものなのか、って初めて知ったよ。

そのとき、背中のほうで、彼女が「うええっ」と大きな声を出したの。聞こえた瞬間に金縛りが解けて、その赤ん坊も消えていなくなったから、後ろを向いて「どうした?」って声をかけたの。

奥さんが何て言ったと思う?

並んで寝ている俺の頭越しに、押し入れのほうを向いてたら、金縛りに遭って、下の段から何か出てきたっていうんだよ。

聞いてみたらさ、奥さんが見たのはよぼよぼの爺さんなの。骨と皮ばかりに痩せて、身体中シミだらけの、裸の爺さんがね、押し入れの下の段でもぞもぞしてたんだって。

それでさ、その爺さんがこっちを向いたらね。

自分とそっくりの顔がついてたっていうんだ。

よぼよぼの爺さんの身体に、二十二歳だった奥さんと同じ顔で、同じセミロングの髪型をしたやつがくっついてて、にやにや笑ってたっていうんだよ。

その日はもうとても寝られなくて、朝まで電気つけたままふたりでガタガタ震えてたね。奥さんはもうアパートに寄り付かなくなって、俺も気持ち悪くなったからすぐ引っ越すことにしたんだよ。

まあ、それをきっかけにしてね、ちゃんと結婚して一緒に住むことになったんだよ。人生ってのはどこにきっかけがあるかわかんないもんだね。それでもう四十年だよ。あんな気持ち悪いものは、あれから二度と見てないよ。あのアパートも、十年前には取り壊されて、今は跡地がコインパーキングになってるって聞いたな。

あんたまだ独身？　焦ることないよ。そのうち何か、きっかけになることもあるだろうから。そのときが来ればきっと自然にそうなるよ。

満雄さんは、上機嫌でコップ酒をぐっとあおった。私はノンアルコールのキウイソーダをすすり、自分の人生に訪れた様々のきっかけについて、思い出そうとしていた。

白い小動物

広い平屋で長い縁側のある家で、成人した娘ふたりと二匹の猫と暮らしている、芳恵さんの体験談である。

この家の猫は、長女が知人からもらってきたスマートなシャム猫の「こむぎ」と、次女が保護してきた三毛猫の「おこめ」で、どちらもメスである。二匹は仲が良く、よく家の中で遊んでいるそうだ。

それが一年ほど前から、芳恵さんは何か別の生き物の気配を感じるようになった。

最初は、縁側の廊下を二匹が連れ立って走っていくと、その後をついていく足音がもうひとつ聞こえたような気がした。目で追うと、もう猫の姿はない。

あるときは、やはり縁側でこむぎとおこめにご飯をあげていると、後ろからとととんという足音とともに気配が寄ってきて、芳恵さんのかかとにちょんと触れた。

振り向くと何もいないが、猫たちは芳恵さんのうしろをじっと見ていた。

芳恵さんの家に、亡くなった夫の妹が訪ねてきたときは、猫たちは寝室のケージに入れてあったのに、白くて小さな影が廊下をすっと横切るのが見えた。これは芳恵さんと義妹が揃って見たそうである。

そして先月、ついに芳恵さんはそれの姿をはっきり見たのである。

娘さんたちがふたりとも仕事で遅くなり、芳恵さんと猫しかいない夜のことだった。お茶の間でテレビを見ていると、縁側を猫が歩いてくる音がして、障子《しょうじ》にこむぎとおこめの影が映った。二匹ともちょこんと座り、口々に、ふなあ、ふなあと呼びかけるように鳴いている。

どうしたの、と芳恵さんが障子を開けると、並んだこむぎとおこめの間に、白い毛がふわふわとした、小さな動物がいた。

猫たちが、私に仲間を紹介しているみたいでした、と芳恵さんは言う。

あら、あんた誰なの、どこの子なの、と芳恵さんが呼びかけて手を差し伸べると、白い生き物は身を翻《ひるがえ》すように走り去り、縁側の角を曲がると見えなくなった。

芳恵さんが追いかけて、家の中を探し回ったがどこにもおらず、また戸締まりを確認したが開いている窓や戸はひとつもなかった。こむぎとおこめは、芳恵さんが白いものを追いかけている間も、身じろぎひとつせず廊下にちょこんと座ったままだったそうだ。

どこからか仔猫が入り込んだのかな、とも思ったんですけどね。でも猫ではないような気がするなあ。仔猫と違って顔がとんがっているというか、もっとシャープな形の顔をしていて、目が赤いんですよ。そんな猫はいないでしょう。うさぎでもなかったし、ハクビシンの子供でもなさそうだし、だいいち外の生き物が家に入ってくる隙間なんかなかったんですよね。

今度、ペットカメラでも設置してみようかと思うんです。

そういえばうちの庭にはお稲荷さんの社《やしろ》があるので、油揚げでも置いておけばいいのでしょうか。

真剣にそう聞いてくる芳恵さんに、私は、それはいいですね、でも猫が油揚げを誤食しないように気をつけてくださいね、と返した。

階段を上る猫

彩香さんが小学生の頃、就寝中に尿意で目を覚まし、自宅二階の寝室から階下のトイレに行こうとしたら、薄暗い階段の下から、白い猫がとんとんと足音を立てながら上がってくるのが見えた。

この家で、猫など飼ったことはない。

彩香さんは、野良猫がどこかから入り込んだのかと思い、ひっかかれないように身構えた。

猫は階段を上がりきると、その場にぺたんと這いつくばった。

よく見ると、足音を立てて歩いていたそれは、猫ではなく、くしゃくしゃになったコンビニのレジ袋だった。彩香さんが取り上げると、中には何も入っていなかったが、かすかに動物の糞のような臭気がする。

彩香さんは、レジ袋を自室のゴミ箱に突っ込んで、トイレで用を足し、部屋に戻ってまた就寝した。

朝起きると、部屋中にティッシュペーパーが散乱していた。

彩香さんが全寮制の高校に入ってこの家を出るまで、就寝中にティッシュが散乱する現象は、月に一度か二度の頻度で発生したそうだ。

大学を出て就職し、昨年結婚した彩香さんだが、夫が猫好きで、今もロシアンブルーの猫一匹と暮らしている。

この猫はとてもお利口さんで、ティッシュを撒き散らしたりはしないそうだ。

雪の手形

二年前、大雪の降っていた夜に、有吾さん宅のリビングで、どんという低い音がした。

テレビを見ていた有吾さんと奥さん、それに高校生の息子さんの三人で、どこかに異常がないか、手分けして調べてみる。

学校ではラグビー部に入っている、たくましい息子さんが、きゃあ、と女の子みたいな悲鳴を上げるのが聞こえた。

有吾さんが駆け寄ると、息子さんは階段を上がりきったところで、窓を指さして震えている。

外にベランダがあるわけでもない明かり取りの、人の手が届かない高さにある窓に、大きな手形がついていた。

よく見るとその手には指が六本ある。

これです、と言いながら有吾さんは私にスマホの画面を見せてくれた。

たしかに、窓の外側から強い力で押し付けられたらしい手形が、ガラスにくっきりとついていた。窓の大きさと比較するに、人間の手ではありえない大きさである。

しかも、たしかに指は六本あった。

きっとね、この手の持ち主はビッグフットみたいなやつだと思うんですよ。そんなのが近所をうろついてるのかと思うと、危なくてしかたないですからね。捕まえてやろうと思って、家に防犯カメラを設置したんですよ。今のところおかしなやつは映ってないですけど、いつか絶対に見つけてやりますよ。そのときは連絡しますから、また取材に来てくださいい。きっと、いいネタを提供しますからね。

そう語る有吾さんは、なんだかものすごく嬉しそうなのだった。

アラームが鳴るまで

枕元に置いたスマホの、目覚ましを七時にセットして寝た。

目が覚めたら五時五十五分だった。

一時間ほど損をしたような気分で、アラームが鳴るまで二度寝しようと目を閉じ、寝返りを打ってスマホに背中を向けた。

まどろみかけた瞬間、後頭部を強く突かれた。人の指だ、と直感する。反対側に寝返りを打つと誰もいない。スマホを見ると、時刻はまだ五時五十五分のままだった。

今日は、お産で亡くなった妻と長男の、十八回目の命日だったのを思い出した。

そのまま起きて、写真立ての前に座り、スマホのアラームが鳴るまでずっと妻の写真を見つめていた。

06

黄色い蝶

浩さんは、ここ数日ずっと体調が悪かった。ずうんと重い頭痛が続いているだけでなく、体全体が途方もなく重たくなり、手足が自分のものではないように感じられる。

確かに仕事は忙しかったが、単なる疲労でこうなるとはとても思えなかったので、近くの病院へ行ったが原因はわからない。そこで紹介状を書いてもらい、設備の整った大きな病院で検査を受けることにした。

ベッドからトイレに行くのすら億劫《おっくう》に思えたほど重い身体を、引きずるようにして自宅からバス停まで歩く。病院までのバスはとても空《す》いていて、座ることができたのはありがたかった。

バスの座席から、何を見るというわけでもなく窓の外に視線をやると、黄色い蝶がひらひらと飛んでいるのに、浩さんは気づいた。とくに気にも留めないでいたが、バスがスピードを上げても蝶は引き離されることなく、窓の外の同じ位置を漂っている。

なんだ、おかしいなと思った浩さんは、その蝶を注視し始めた。

閉まっている窓のガラスをすり抜けて、黄色い蝶が車内に入ってきたかと思うと、浩さんの額にとまり、そのまま頭の中に入ってきた。

少なくとも、浩さんがそう感じたのは確かだ。

その瞬間、これまでの人生で一度も体験したことのないほど猛烈な吐き気に襲われ、手で口を押さえたが鼻から胃液が吹き出すほど激しく嘔吐した。

そのまま意識を失ってしまい、気がつくと病院のベッドの上だった。


主治医の話では、浩さんは自宅で猛烈な頭痛に襲われ、自分で一一九番に通報し、到着した救急車に乗せられてすぐ意識を失ったということだった。そう聞かされた浩さんは、さっきまでの記憶とまったく辻褄が合わないため激しく混乱した。

自分は確かにバスに乗っていて、黄色い蝶が入ってきたのをはっきり覚えている。

主治医は、困惑している浩さんの意識レベルを確認するため、今日は何月何日ですか、と質問してきた。

日付を答えると、主治医は訝しげな表情をした。それは明日ですよ、と言う。

浩さんが目覚めたその日は、倒れたと思った日から見て「昨日」だったのである。

俺の頭がどうかしていたんでしょうけど、結局いくら検査しても原因はわからなかったんですよ。退院するまで三ヶ月もかかりましたけどね。

あのときバスの中で倒れた俺の世界と、今いるこの世界は本当に同じなのかな、って思ったりするんですよね。

だって、俺はたしかにバスに乗った記憶があるし、蝶が頭の中に入ってきたときの、なんとも言えない気持ち悪さだって、はっきり覚えているんですよ。

あの一日は夢だった、ということならそれでもいいです。あの一日は、本当は存在しなかったってことでしょう?

バスの中で吐いたのも嘘、蝶が頭に入ってきたのも嘘。それならどんなにいいか、と思いますよ。そうだ、って言ってくれる人はいませんかね。誰かちゃんと納得させてくれれば、俺も社会復帰できる気がするんです。そう思いませんか?

その体験から一年経った浩さんだが、退院はしたものの未だに快癒とはいかず、職場復帰することも叶わずにいる。健康保険から出る傷病手当金の給付期限は、あと半年だ。

呼ばれる

裕太郎さんが小学校に上る前、祖父に手を引かれて行った公園で遊んでいると、池のほうから「たすけてー」と呼ぶ子供の声が聞こえた。

裕太郎さんが、おじいちゃんたいへんだよ、と手を引いてそちらへ駆け寄ろうとすると、祖父は裕太郎さんを抱き上げて手で目を覆い、「見ちゃいかん」と言いながらその場から足早に離れていった。

祖父に聞いても両親に聞いても、公園で何があったのかは教えてもらえないまま、あの公園には二度と連れて行ってもらえなかった。祖父が亡くなったのはその翌年のことだった。

裕太郎さんも大人になり、そういえばあの公園はどこだったかな、と懐かしくなって探してみたが、そんな公園は、自宅から子供が歩いていける範囲のどこにも存在していなかった。

因縁ばなし

テーブルの向かいに腰掛けた静子さんは、ほっそりした上半身にカーディガンを羽織り、いかにも寒くてたまらないといった風情である。

この夏は記録的な猛暑で、私は吸水性の高い労働者向けTシャツ一枚だというのに汗が止まらないでいる。古い喫茶店のエアコンは効きが悪く、流れる汗で眼鏡が汚れるので、私はさっきから何度も眼鏡を外してはレンズを拭いているのだ。

私はかき氷を食べているというのに、静子さんは熱いココアをすすっている。語る声はか細く、聞き逃さないように私は身を乗り出していた。

私、自死遺族なんです。十年前に、母が七十五歳で亡くなりまして。実家の仏間で、首をくって亡くなったんですよ。離れて暮らしていたもので発見が遅れて、私が見つけたときはもう腐敗が進んでひどい状態でした。

遺書も何も残っていなかったので、警察の調べは大変でした。それが終わってから、特殊清掃というんですか、業者の方にお願いして家はきれいにしてもらったんですけど、さすがに近寄る気がしなくて、実家はずっと放置していました。

実は、母だけではないんです。

うちは母系の家で、祖母も母も婿養子をとって跡を継いできたんですが、子供ができると決まってすぐに離婚していたそうなんです。祖父は母が生まれてすぐ出ていったそうですし、私の父も、私が生まれた直後に出ていきました。

何があったのかは聞いていません。母は、父の話はいっさいしませんでしたし、私も聞きたいと思うことはありませんでしたから。わずかばかりの財産がありましたから、女ひとり親でも生活に困ることはありませんでしたしね。

実は祖母もね、私が生まれる前に、やはり自宅で首吊り自殺しているんです。このことだけは、母もきちんと話してくれました。私は、自分の父親のことも知らないのに、祖母の死にざまだけは知っているんですよ、うふふふ。

静子さんは、おかしくてたまらないといった風情で笑っている。私は相槌を打つ気にもならず、かき氷をスプーンで崩しながら話の続きを待った。

そういう家の人間ですからね、母が亡くなったときも、悲しいとか悔しいとかではなく、そういうものなんだな、と思いました。納得いくんですよね。この世は生きるに値しないとか、そういう大げさなことじゃないんですよ。うまく言えないんですけどね。

でもね、納得いかないことが起こったんですよ。

実家はずっと放置していたんですけど、私も歳を取りましたし、終活というんですか、色々と整理しようと思いまして。相続する人もいませんしね。それで、不動産屋さんに相談して、家屋敷と土地も処分しようと思ったんですけど、うちに関して、妙な噂が流れているようなんですよ。

地元の若い人たちが、うちを心霊スポットだと噂していて、肝試しと称して庭に出入りしたりしているんです。戸締まりはきちんとしてあるし、警備システムもついているので家には入れなかったようですけどね。

なんでも、おばあさんの霊が出るというんですよ。それも、ふたりですよ。

うちの来歴を知っていてそう噂しているんでしょうけど、本当に見たという人が何人もいましてね。

庭に面した縁側を、腰の曲がったおばあさんがふたり、並んで歩く人影が見えるんですって。

そう言われてしまうと、やっぱり気になりますよね。私が住んでいたころは、祖母が姿を見せることなんかありませんでしたけど、今になって出てくるんだとしたら、何か言いたいことがあるのかもしれないじゃないですか。

それでね、母が亡くなってから十年ぶりに、実家に泊まってみたんですよ。母が亡くなった仏間がいいかなとも思いましたけど、汚れてしまった畳を処分したままになっているもので、噂の縁側に面した茶の間に布団を敷いて、障子を開けたまま寝てみました。

そうしたらね、眠りにつくかつかないかぐらいのときに、急に身体が突っ張って動かなくなったんです。あ、これが金縛りというやつなんだ、きっと祖母と母が来てくれるんだ、と思いましたね。

身体が動かないまま、縁側のほうを見ていたら、たしかにやってきたんです。腰の曲がった、和服のおばあさんがふたり、足音もなく、廊下を滑るような動きでした。怖くはなかった気がします。かといって嬉しかったというのも違います。そういうものなんだ、という感じでしたでしょうか。

そして、ふたりの顔が見えたんですけど、でも、母でも、写真で見た祖母でもなかったんです。まったく知らない、見たこともないおばあさんで、しかもふたりとも同じ顔だったんです。

動けないで布団に横たわっている私を、廊下のほうから覗き込むと、おばあさんたちはそのまま廊下を滑るようにしてどこかへ行ってしまいました。

私、たいていのことは飲み込んで納得できてしまうほうの人間なんですが、このことばかりは納得できないでいるんですよ。家はこのまま処分してしまうつもりですが、祖母と母が自ら亡くなったのも、あのおばあさんたちと何か関係あるんでしょうか。

私はわざわざ自分で死ぬつもりなんか毛頭ありませんけど、実家ではなくいま住んでいる自宅のほうにあれが来たらどうしよう、と思ってしまうんですよ。おかしいですよね。こんな歳になって、もう世の中に怖いものなんてないと思っていたのに。

話し終わるのとちょうど同じタイミングで熱いココアを飲み終え、静子さんはゆっくりと息をついた。

私はかき氷の器に溶け残ったシロップをそのままにして、グラスの水を飲み干した。いつの間にか汗はすっかり引いていた。

頭上のガンマン

菜那子さんが朝の満員電車を降り、混雑する駅の改札へ向かっていたときのことである。その日は特に混雑がひどく、行列というより密集した人が押しくら饅頭をしているような状態になっていた。

うんざりした菜那子さんが前方を見ると、大渋滞している人波の頭の上を、ぴょんぴょんと飛び跳ねながらこちらへ向かってくる人影があった。

全体が灰色で、薄ぼんやりとした影のように見えたが、なぜか両手に持っている拳銃が銀色に輝いているのだけがはっきり見えたという。

私は会社に行くんだから、今はそれどころじゃないんだよ、と無視していると、自分の頭の上も踏んづけて、後方へ飛び跳ねていった。

かすかに頭を踏まれたというか、小虫がとまってすぐ飛んでいくような感触があった気がする、と菜那子さんは話す。

たぶん私だけが見たわけじゃなくて、みんな見えてるけど無視してたんじゃないかな。本当にね、それどころじゃないですから。あんなぼんやりした存在に、かまってる暇なんてないですよ。

菜那子さんの仕事は、家電量販店の販売員である。

しつこく値引きを要求してくる客や、連絡先を聞き出そうとする迷惑客に出くわしたときには、あの人影が持っていた拳銃を羨ましく思うことがあるそうだ。

銃に詳しくない菜那子さんに、あれこれと実銃の画像を検索して見てもらった結果、ステンレス製の大型回転式拳銃らしい、というところまではわかった。

そんなものを両手に持って、どこへ行こうとしていたのだろうか。

冤罪

純一さんが高速道路の料金所を出ると、白バイ隊員の服装をした警察官に誘導されて、路肩に停まっているパトカーのうしろに停車させられた。

「助手席の方は奥さんですか、シートベルトされてませんね、いけませんよ」

若い隊員はそう言って違反を検挙しようとするが、純一さんはひとりで車を運転していたのである。

「冗談はよしてくださいよ。ほらこの通り、誰もいないじゃないですか」

純一さんがそう言っても、白バイ隊員は「ふざけてないで早く免許証を出してください」と取り付く島もない。

純一さんは、とりあえずズボンの尻ポケットに入っている免許証ケースを取り出し、前に停まっているパトカーに向けて、「ちょっとー、この人おかしいですよー」と大きな声を出した。

純一さんが、ケースから免許証を取り出すため視線を手元に向けた、ほんのわずかな間に白バイ隊員はいなくなっていた。

パトカーからふたりの制服警官が降りてきて、「どうなさいましたか」と純一さんに尋ねてくる。

「いま変な白バイ隊員に言いがかりをつけられたんですけど」と話すと、年配の警官は青い顔をしたが、「そんな人はいませんよ、お疲れのようですからなるべく早く休憩をお取りになってくださいね」と気持ち悪い作り笑いを浮かべて、逃げるようにパトカーへ戻っていったそうだ。

白バイ隊員が事故で殉職したというようなニュースを見た記憶はない、と純一さんは話した。そういうのがあれば少しは納得できるんですがね、と奇妙な残念がり方をしていた。

おでむかえ

ひとり暮らしの部屋へ真夜中に帰宅して、ドアを開けると玄関に黒猫が五匹並んでいて、おかえり、とでもいうかのように揃ってにゃあおと鳴いた。

部屋を間違えたかと思ってドアを閉め、部屋番号を確かめるとやはり自分の部屋だったので、恐る恐るまたドアを開けると、何もいなかった。

あのときドアを閉めないで、そのまま部屋に入っていればよかった。六年経った今でも時々そう思う。

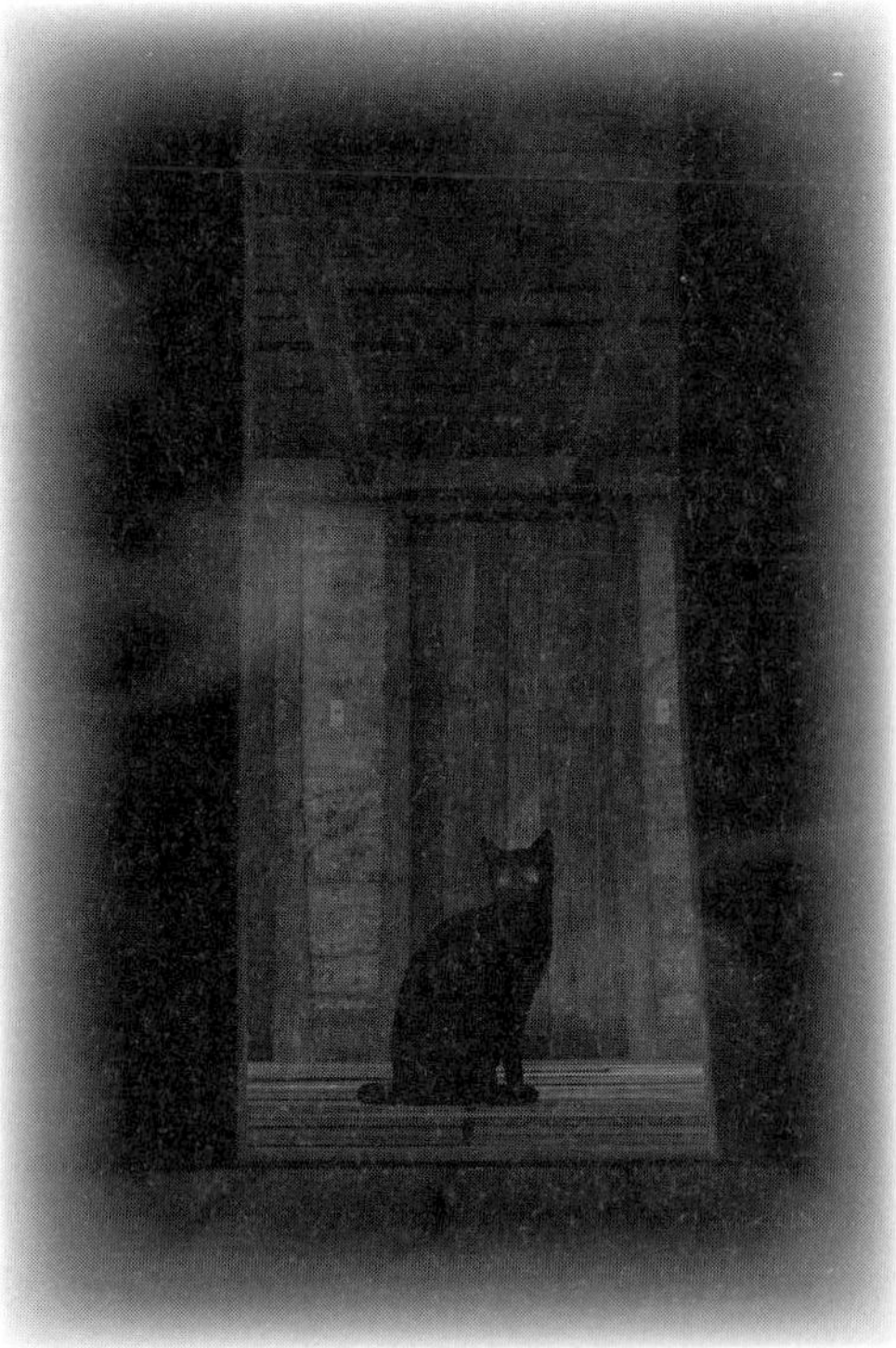

浅瀬

十五年前、体育大学で競泳をやっていた美樹さんは、市民プールで監視員のアルバイトをしていた。

その同僚だったのが、望海さんという女性である。三十歳ぐらいだがすらりと背が高く、ほっそりしているが手足はしなやかで、同性が憧れを抱くタイプの、格好いい美人だったという。すでに結婚して競技の一線からは退《しりぞ》いていたが、かつてはアーティスティックスイミングで活躍した選手であり、美樹さんにとっては頼れる先輩だった。

わからないことがあったらなんでも聞いてね、お姉さんがいくらでも教えてあげるから。望海さんがそう言ったときの笑顔を、美樹さんはいまも懐かしく思い出すという。

その望海さんが突然仕事に来なくなり、そのまま辞めてしまった。

かわいがってくれた先輩が急にいなくなり、不安になった美樹さんは望海さんに電話をかけてみた。毎日電話したがなかなか出てくれず、六日目になってようやく望海さんは出てくれた。

「望海先輩、どうして辞めちゃったんですか。いきなり来なくなるなんて、どうしたんですか。何があったんですか。このままじゃ、私も不安で仕事を続けられなくなりそうです」

美樹さんがそう言うと、望海さんは力ない声で「ごめんね、あなたにだけは本当のことを言うから、これから私の家に来てくれないかしら」そう語った。

美樹さんが駆けつけると、望海さんの自宅マンションは、荒れ放題になっていた。キッチンには汚れた食器が積み重なり、部屋中に異臭がたちこめている。インスタント食品の食べ殻が散乱しているリビングの、ソファの上に、頭から大きなタオルを被って、ぽつねんと座る望海さんの姿があった。部屋着のトレーナーは何日も着たままらしく薄汚れており、汗と尿が混じったような匂いが漂っていた。

あまりのことに美樹さんが絶句していると、望海さんはタオルを被ったままこちらを見る素振りすらせず、口を開いた。

「水が怖いの」

望海さんは、仕事に来なくなる前の夜、夢を見たのだという。

いつも優しい夫が、にこにこと笑顔を浮かべたまま、望海さんの右手と右足、左手と左足を縛って身動きを取れなくしたうえで浴槽に寝かせ、そのまま水を満たし、溺れさせる夢だった。

汗びっしょりで目が覚めた望海さんは、隣に眠っている夫を起こさないように気をつけて、キッチンへ行って水を飲もうとした。

コップを手に持ち、水道の栓をひねった瞬間、望海さんは全身を貫く凄まじい恐怖に襲われ、悲鳴をあげてコップを投げ捨てた。

水が怖いのだ、と気がつくのに数秒を要した。

シャワーを浴びることを想像しただけで、その場に立っていられなくなり、職場のプールを思い出すと気を失いそうになる。トイレの水を流すことすら、便座のふたを閉めて見えなくしてからでないと無理だった。

子供の頃から水泳に打ち込み、アーティスティックスイミングの練習では溺れそうになったことも一度や二度ではない。そんな望海さんが、たった一度の夢を見ただけで、これほど水に恐怖をおぼえるようになったのだ。

コップが割れる音で目を覚ました夫が、心配そうに寝室から出てきた。望海さんは、夫の顔を見るとまた恐怖に襲われ、両手で耳を塞ぎながらその場にうずくまり、身体を海老のように丸めたまま床の上を転げ回った。

夫は、暴れる望海さんを取り押さえるため、抱きとめようとした。望海さんは恐怖のあまり、夫の顔面を右手でつかむと、親指を目に思い切り押し込んだのである。

こういうことだから、と望海さんは無表情のまま語った。

望海さんにえぐられて片目を失明した夫は、いま実家に帰っているが、もうすぐ離婚届けを持ってここへ来るであろう。

「もうあなたの力になってあげられないの、ごめんね、今日はこのまま帰って」と望海さんは呆けた表情のまま言う。

美樹さんは、何か言ってあげなくてはと思ったが、かけるべき言葉がどうしても見つからず、泣きながらその部屋を後にした。

それから間もなく、望海さんが亡くなったのを、テレビのニュースで美樹さんは知らされることになった。

車で一時間はかかる、遠くの大きな公園で、噴水のまわりに人がいなくなったほんの数分の間に、水深十センチしかない噴水の池に顔を突っ込んで、溺死したのである。遺書はないが、誰かと一緒に来た様子もないので、事件性のない自殺と断定された。

車を持っていない望海さんが、その公園までどうやって来たのかはわからないままだ。

美樹さんは、あのとき何を言えば望海さんを助けることができたか、十五年経ったいまでもときどき悩むことがあるという。大学卒業とともに競技は引退したが、今でも趣味として水泳を楽しんでいる。

どう声をかけるのが正解だったと思いますか、と美樹さんに訊かれたが、おそらくどう答えても望海さんの行動は変わらなかったのでは、と私は言った。

これが正解かどうかは、私も自信がないが、これ以外の言葉はどうしても見つけられなかった。

小鳥にひかれて

克彦さんは、仕事の用事で実家の近くへ来たので、祖父母の墓参りをしに行った。

子供の頃から何度も来ている、馴染み深い墓地へ足を踏み入れると、白っぽい小鳥が飛んできて目の前の地面に降りた。

近寄っても飛び去らず、こちらを先導するかのようにちょこちょこと跳びはねている。

なんとなく、ついていってみようという気になった。

自分の家の墓を通り過ぎ、墓地の奥のほうまで連れていかれる。

ある墓の前で小鳥は立ち止まり、墓石の上に跳び乗ると、一声鳴いてどこかへ飛び去っていった。墓石に刻まれた名字を見ると、なんとなく覚えのあるような気がする。

小学校に入る前に仲良くしていた、幼なじみの家だということに気づくのに、三十秒ほどかかった。

墓の側面を見ると、幼なじみ本人とその両親の名が彫られている。

命日は三人とも同じ、二年前の今日だった。

ちょうど三回忌のはずだというのに、墓は荒れていて、誰も参る者がないようだ。

克彦さんは、五歳ぐらいの頃しか知らないが彼のことが可哀想だと思い、祖父母に供えるはずだった花と線香を、ここに供えてあげようと思った。

墓の前にしゃがみ、線香に火をつけ、手を合わせる。

立ち上がってふと自分の家の墓を見ると、墓石の上に、さっきの小鳥を鋭い嘴《くちばし》にくわえた鷹がとまっていた。

消えて戻った女

四十歳を過ぎてもプレイボーイで鳴らしている文哉さんが、遊び相手のひとりとラブホテルへ行ったときのことである。

ボクサーパンツ一枚になってベッドへ入り、シャワーを浴びている彼女を待っていた。男にとって、何歳になってもわくわくする時間である。しかし、そのときは時間が長すぎて、さしもの文哉さんもいらいらしてきた。つい悪戯《いたずら》心を起こし、バスルームのドアを開けてみた。

つい先ほどまでシャワーの音が聞こえていたのに、バスルームはすっかり乾いていて肌寒く、誰かが入っていた形跡が感じられない。

困惑しながら、文哉さんはバスルームのドアを閉めて、トイレのドアをノックしてみた。反応はない。開けてみると、やはり誰もいなかった。

金ずくの相手というわけではないし、逃げられる理由はない。気が乗らなければそう言えばいいだけだし、脱衣所には彼女が脱いだ下着がそのままになっている。

第一、近頃のホテルは部屋に自動精算機がついていて、料金を精算しないとドアが開かないシステムだ。どこへも行けるはずがないのである。

怖くなった文哉さんは、彼女の名前を呼びながら、ベッドの下やクローゼットの中まで探してみた。もちろん、彼女の姿はどこにもない。

何が起こっているのかわからないが、とりあえずフロントに電話してみようか。いや、フロントに「連れがいなくなったんですけど」と言ってどうなる。なら警察か。消防か。

文哉さんが混乱していると、しっとり濡れた肌にバスタオルを巻いた彼女が、バスルームから出てきた。ボディソープのいい香りがする。

さっき見たときには、たしかにバスルームはもぬけの殻で、お湯を流した形跡すらなかったのだ。

文哉さんは、違和感を覚えつつも安堵し、さあベッドへ行こう、と彼女の手をとった。

彼女の手に触れた瞬間、文哉さんは絶頂に達してしまい、はいていた下着がどろどろになってしまったそうだ。

その女とは、それっきりになりましたよ。いくら電話をかけても出ないし、ＬＩＮＥも既読にならなくて。それまでは遊び相手のひとりだったのを、あの子ひとりに絞ろうと思ったんですけどね。

それにしても、惜しかったなあ。結構な数の女と懇《ねんご》ろになってきましたけど、あんなによかったのは、後にも先にもあのときだけなんですよ。

文哉さんは、いかにも貴重な宝物を失ったという感じで、そう語った。

単なる振られ男の負け惜しみとは明らかに違う何かが、その表情に宿っているような気がしたが、どう表現すればいいのかわからず、それはいい経験をされましたね、と相槌を打つにとどめておいた。

火の効能

　澄子さんと旦那さんが、結婚三十周年のお祝いとして温泉旅行をしたときの話である。

　渓谷沿いに建っていたその大きな旅館の、通された三階の部屋は広く、窓の外がちょうど谷に面していて、下の急流が立てる音がかすかに聞こえていた。

　大浴場に加えて部屋にも温泉の内風呂があって、夫婦それぞれあっちの湯こっちの湯と行ったり来たりしつつ温泉を満喫し、ご馳走揃いの夕食と、お酒も軽く楽しんで、すでに布団が敷かれた部屋の、広縁に向かい合って座り、ふたりとも黙ったままぼんやりとしていた。

　こんなゆったりとした時間を持つのは、家庭では難しい。成人した娘を家に残して、ふたりだけでこの旅行に来て、本当によかったと静かに悦びを噛み締めていた。

　旦那さんはゆっくりと煙草をくゆらせていた。こうして、夫の姿を正面からまじまじと見るのも、最近はなかったことである。澄子さんは、結婚したばかりの頃を思い出していた。昔から、こうして煙草を吸うのが何より好きな人だった。

ふと、閉まっているはずの窓からぞくりとする冷気が流れてきた。閉まっているカーテンは動いていない。風が入ってきたわけではなかった。

違和感を覚えた澄子さんは、カーテンと窓を開けて、一面の暗闇が広がっている外を見てみた。

窓の下に、ぼんやりと白い、もやのようなものが見えた。

輪郭がぼやけてはっきりしないが、人間のような形の、手足があるようにも見える。壁にくっついて、じわじわと登ってきている。動きがはっきり見えるわけではないが、澄子さんはそう直感した。

お父さん、何か変なものが、と旦那さんに声をかけた。なんだい、と鷹揚に応えた夫が、窓の外を見て表情を変えた。

不審者か、いや違う。そういう種類のものではない。ふたりで顔を見合わせ、言葉には出さないものの、お互いそう確信して頷き合った。

旦那さんが、くわえていた煙草を口から放して手に持つと、窓の外のそいつに向かって投げつけた。

火がついたままの煙草が、ちょうどそいつに当たるぐらいのタイミングで、白いもやがぱっと雲散霧消した。夫の顔を見ると、いつも落ち着いて冷静な人が、顔を真っ赤にして緊張している。

あれ何だったのかしら、と澄子さんが言うと、旦那さんは、何だろうね、あんなに大きな蜘蛛は見たことない、と額から汗を垂らしながら言った。澄子さんが、自分が見たものを話しても、旦那さんは、そんなものはいなかった、俺が見たのはでっかくて胴体に黄色い縞模様がついた蜘蛛だった、真っ暗なのになぜかそいつが落ちていくところも、模様もはっきり見えたよ、と話したのである。

その夜は、布団を窓から目一杯離して、ふたりとも押し入れに貼り付くようにして眠った。朝になってから、浴衣のまま渓谷のほうへ降りてみたが、蜘蛛の姿も、昨夜たしかに投げたはずの煙草の吸い殻も、どこにも見つけることができなかった。

旅行から帰って間もなく、旦那さんに肺ガンが見つかった。それからわずか三ヶ月後に亡くなったそうだ。

融点

悠一さんが、真夏の九州へ出張に行ったとき体験した、奇妙な現象である。

面倒な商談をなんとかまとめ、夜は地元の料理と酒をいただき、上機嫌だが暑さのためすっかり汗だくになっていた。ホテルへ帰る途中、コンビニに寄ってペットボトルのお茶と、板チョコを一枚買う。酔うとチョコレートが食べたくなるのが、悠一さんのいつもの癖なのだった。

ホテルの自室に入り、エアコンをつける。暑がりの悠一さんは、設定温度を二十二度まで下げた。酔って火照《ほて》った身体に、涼風が心地よい。汗をひかせようと、服を脱いでエアコンの風に当たった悠一さんは、さっき買ってきたお茶とチョコに手をつけるいとまもなく、ベッドの上で眠り込んでしまった。

悠一さんが、冷え切った身体で目を覚ましたとき、夜はまだ明けていなかった。

酔いに加え、乾燥したエアコンの風に当たっていたせいもあり、喉がからからだった。

デスクの上に置いたままの、コンビニの袋をまさぐって、ペットボトルのお茶を取り出した。これもエアコンの風のせいで、それほどぬるくなっていない。ふたを開けて、ひと息にボトルの半分ほどを飲み下した。

ひと心地ついた悠一さんは、自分の指が茶色く汚れているのに気づいた。

コンビニ袋の中を見ると、板チョコが溶けてアルミの包装から流れ出ている。

ひんやりと冷え切った部屋の中で、一緒に袋に入れていたお茶は冷たいままだったのに、チョコレートだけがどろどろに溶けていたのだった。

釣れますか

慎吾さんが、とある離島へひとり旅をしたときのことである。

島に着いて最初の朝はよく晴れ、まだ五時だったがとても気持ちよく目覚めた。朝食まで時間があったので、顔を洗って、民宿から海のほうへ散歩に出てみる。汐の香りが心地よかった。

昇ったばかりの太陽が照りつける中、堤防に折りたたみ椅子を置いて腰掛け、長い釣り竿から糸を垂らしている老婆がいた。手ぬぐいで頬かぶりをして、ジャンパーと長靴を装備している。「装備」というのは慎吾さんが言ったままの表現だ。それほど堂に入った、素人とは思えない風体だったというのである。どう見ても八十歳は下らないようだ。

慎吾さんは、話しかけがたい雰囲気を感じたが、無視するのも失礼だし、この島にはしばらく滞在する予定だから住民とはなるべく仲良くなっておこうと思い、おはようございます、釣れますか、と声をかけた。

返事はない。それどころかこちらを見もしなかった。

耳が遠いのかと思い、慎吾さんはもう一度、大きな声で挨拶を繰り返してみた。

やはり返事はなく、まったく反応を示さない。

その場を去ろうとしたとき、老婆の竿が大きくしなった。

お年寄りとは思えない速さでリールが巻かれ、タモ網が素早く繰り出される。電光石火、という表現がぴったりくるような、熟練の動きだった。

何が釣れたんだろう、と慎吾さんが網の中を覗くと、十五センチぐらいの小さな人間の女に見えた。いや、そう確認できるほどしっかり見えたわけではないんです、と慎吾さんは話す。


何しろ一連の動きが素早かったので、釣ってから網ですくって、針を外して、クーラーボックスに放り込んでふたを閉めてしまうまで、ほんの数秒なんですよ。網の中もちゃんと見えたわけじゃないし、こっちも魚にあんまり詳しくありませんしね。何か、そういう形の魚を見間違えたのかもしれないなと思うんですよ。

でもその時はね、なんだかね、見ちゃいけないものを見てしまったような気がしてならなくてね、その場をそおっと去ったんです。

あの婆《ばばぁ》に気づかれないようにと思って。あんなに大声で挨拶しても気づかれてなかったのに、今更そんな心配するのも変だったかもしれないですけどね。

宿に帰って朝ごはんを食べて、おかみさんにさっきの婆のことを訊いてみたんだけど、そんな人に心当たりはない、旅行客じゃないかって言われましたよ。

なんだか納得いかなくて、もう一度あの釣り場へ行ってみようとしたんですが、道がわからないというか、どう歩いても見つからないんですよね。それから二週間ほど島にいて、ずいぶん歩き回ったんですが、とうとうあの浜にはたどり着けませんでした。

慎吾さんが若い頃、昭和末期のことだったという。

それ以来、あの島へ行く機会を持つことはできないまま、現在に至っているそうだ。

遺伝したもの

真弓さんが中学生の頃、夜遅くに自室で勉強していると、身体から自分の意識が離れていくことがしばしばあった。

机に向かい、問題集を解いたりノートに要点を書き写したりして、集中力が高まってくると、勉強している自分を、もうひとりの自分が少し上から見下ろしている感覚が生じてくる。そのまま続けていると、何回かに一回、完全に自分の身体から離れることに成功する。離脱した意識体（真弓さんはこう表現している）は、自由に家の中を飛び回ることができ、視覚はあるがそれ以外の感覚はない。ものに触ったり動かしたりすることはできないが、ドアを開けなくともすり抜けて移動することができる。家の外に出ることはできない。より正確な表現をすれば、家の外という空間を感知できないんです、と真弓さんは話している。

真弓さんが初めて離脱したときは、隣の部屋で眠っている弟の姿や、リビングで晩酌をしている両親の姿をはっきりと見ることができた。音は聞こえず、自分も声を出すことはできない。もしかして自分は死んだのかもしれない、と不安になった真弓さんだが、机に向かって勉強している自分の身体に触れると、意識はすぐもとに戻った。ノートを見ると、さっきまでより内容がぐっと進んでいる。問題も解かれている。離脱している間にも身体は勉強を続けていて、意識を戻すと、その間に学んだことが、頭にすっと流れ込んできた。

翌朝、真弓さんが「お父さん、ゆうべお酒飲んでたでしょう。ビールと徳利を二本ぐらい」と言うと、「なんだ、勉強して寝たのかと思ったら、こっちの部屋に来てたのか？気づかなかったなあ」と軽く驚いていた。

集中力を高めた結果として、自我が拡張されたというか、家の中のすべてを同時に認識できるようになった、とでも言えばいいですかね。心霊番組なんかでいう幽体離脱って、そういうことなんだと思うんです。

真弓さんは、思春期に経験したその境地を、このように語っている。

離脱しているときに学んだ内容は、通常の意識で勉強したときよりはるかに強く脳裏に刻まれて、テストのときにはものすごく役立ったそうだ。

これができたのは中学生のときだけで、高校以降はいくら頑張ってもこの状態になることはできなかった。高校に入って間もなく、初めての彼氏ができたのと何か関係ありますかね、と真弓さんはちょっぴり恥ずかしそうに言っている。

彼女も今は、中学二年を頭に三人の娘を持つ母親である。娘たちは三人とも夫にそっくりで、私には全然似ていないんですよ、と真弓さんはくすくす笑う。

ですけどね、この前の朝、長女が起きてきて「ねえママ、パパが昨夜スマホでエッチな漫画を読んでたよ」とすごく嫌そうな顔をして言ってきたんですよ。あら嫌ねえ、と返事をしておきましたけど、長女はずっと自分の部屋にいたはずだし、主人もずっと寝室にいたんです。第一、娘の目があるところでそんな漫画を読むほど、恥知らずなひとではありません。私は別に、読んでもかまいませんけども。

どうやら、娘もあれができるようになったらしいんですよ。顔は全然私に似ていないのに、血は争えないといいますか、親子ってどこかは似るものなんですね。これで成績が上がってくれるといいんですけどねえ。

真弓さんは、なんだかとても嬉しそうに話すのだった。子供のいない私には、その気持がわかるのかわからないのか、いまひとつ判断しづらい。

衝突する欲動

淳司さんが、四十年前に体験したことを語ってくれた。

貧乏学生だった淳司さんは、ある日曜日、同じく貧乏生活をしていた友人Sさんのところへ、特に何をするというわけでもなく遊びに行った。暇だったからである。

アパートのドアをノックして友人を呼ぶと、開いたドアの隙間から、いかにも艶《つや》っぽい妙齢の女性が顔を出した。長い黒髪が背中までさらりと垂れ、切れ長の目はゆるやかに垂れていて男心をくすぐる。色白で頬がほんのり赤く、ぽってりとした唇はあくまで赤い。

肩の出ているノースリーブのワンピースは身体に貼り付くようで、メリハリのきいたグラマラスなボディラインを強調している。胸元はワンピースからこぼれ落ちんばかりに大きく盛り上がり、深い谷間がいやが上にも視線を引きつけていた。

「ごめんなさいねえ、今いないのよお」

どぎまぎしながらSさんの所在を尋ねた淳司さんに、その女は耳がとろけそうな声でそう告げる。ドアが閉まってからも、しばらくその場から動けなかった。なんていい女だ、うらやましいなあ、ちくしょう。若き淳司さんは、そんなことを口の中でもごもごと繰り返していた。仕方ないので自分の下宿へ帰り、ふて寝をしていたらさっきの女が夢に出てきて、目が覚めると下着が汚れていた。

次の日、淳司さんは学食でSさんに会った。すると、Sさんのほうから「お前、随分いい女とよろしくやってるじゃねえか、紹介しろよ」と絡んでくる。

淳司さんは、おい待てよ、いい女とよろしくやってるのはお前のほうだろう、と返したのだが、Sさんは「いやいや、きのう俺がお前の下宿へ遊びに行ったら、可愛い女が出てきて、淳司くんは今いないの、って言われたんだけど。うちには女なんかいねえよ」と言い張る。

淳司さんは、わけがわからなくなった。Sさんも同様だった。

聞けば、Sさんはちょうど淳司さんが彼のアパートへ遊びに行った時間に、偶然こちらも淳司さんの下宿へ遊びに行っていたのだという。お互いにお互いの留守へぶつかってしまったわけだが、誰もいないはずの下宿から、いい女が出てきて応対した、というのである。

どんな女だったのか詳しく訊いてみると、栗色の髪にふんわりとウェーブをかけて、くりくりとした猫を思わせる目と、小柄でほっそりした肢体の持ち主だったという。

きっとね、それがあいつの好みだったんですよ。俺が見た女は、本当に俺の理想のタイプでしたからね。ああいうときに現れるのって、そういうものなんだと思うんですよ。四十年経った今でも、忘れられないなあ。あ、母ちゃんには内緒ですよ。ふふふ。

そう言って淳司さんは恥ずかしそうに笑うが、私は彼の奥さんと面識はないので、母ちゃんに内緒と言われても困るのである。

分け前

美里さんはその夜、いつものように夫と晩酌をしていた。夫はビール、美里さんは白ワインをグラスに注ぎ、チーズやナッツなど簡単なものを肴《さかな》にして、ほろ酔い気分でふたりの時間を過ごすのがお気に入りである。

二杯目のビールをグラスに注ぎ、テーブルに置いた。夫はピスタチオの殻をむくのに悪戦苦闘している。こういう不器用なところが可愛い、と美里さんは思っている。

美里さんの目の前で、テーブルに置いたままのグラスから、ビールが減っていく。なみなみと注いだビールの、表面がどんどん下がっていき、十秒ほどで泡だけになった。

気づいていない夫を怖がらせないよう、美里さんは動揺を表に出さずにビールを再び注いだ。夫はまだピスタチオと格闘している。

テレビか何かで見たんですけど、ウイスキーを樽で熟成させる間に蒸発してしまう分を、「天使の分け前」っていうそうですね。素敵なセンスですよね。

あのビールも、見えない誰かに分けてあげたってことにしようと思うんです。天使かどうかはわかりませんけれども。だって、そのほうが気分がいいでしょう。

どちらかというと、ビールよりワインのほうが、その呼び名にはふさわしいような気がする。美里さんも同じのようだが、その後もこの現象は夫のビールにだけ発生し、美里さんのワインを欲しがる存在は、今のところ来たことがないそうだ。

呼び鈴

リビングのソファに腰掛け、テレビを見ていると、インターホンが電子チャイムの音を奏でた。応答してみると、インターホンの画面には誰もいない。子供のいたずらかな、と思って再びソファに座った。しばらくすると、またインターホンが鳴った。今度は宅配便で、通販で注文した服が届いたのだった。

服を開封している間に、さっき鳴った電子チャイムは、とうの昔に取り壊された実家につけていた電子チャイムの音だったことに気づいた。間もなく電話がかかってきた。離れて暮らしている姉が、闘病の末に亡くなったという報せだった。

真夜中のセーラー服

翔太さんが夜中にトイレに起きると、高校生の妹が寝ている部屋の前に、見知らぬ女が立っていた。髪の毛を頭の両側でふたつに結び、セーラー服を着た、女子中学生のようである。

寝ぼけ半分で、きみ誰だい、と小さく声をかけると、その子はいきなり翔太さんの脇腹へ左の拳を打ち込んできた。ちょうど肝臓の部位を打たれ、ぐえ、と声を出しながら翔太さんが身体をくの字に折る。間髪を入れず、今度は右の拳が翔太さんの顔面めがけて飛んできた。目の前が真っ暗になる。

気がついたときは、自分のベッドで仰向けに寝ていた。脇腹にも顔面にも、痛みはない。ちゃんと布団をかけて寝ているし、トイレに行く途中だったはずなのに、なぜか尿意も去っている。

妹に、こういう女の子に心当たりがないか訊いてみようと思ったが、何かよくない結果をもたらすような気がして、一年経っても言い出せないままでいるそうだ。

なお妹さんの学校は、中学も高校も制服はブレザータイプで、セーラー服を着ていたことはないそうである。

人柱

以下、提供者から届いたメールをそのまま載せる。


鷲羽さんこんばんは。私が小学生の頃の話を聞いてください。

私の家は小学校のすぐそばにありました。校内放送が聞こえるくらいの距離です。

3年生の時学校の隣の田んぼを潰して公園を作ることになりました。小さな川が流れるちょっとした丘のある公園でした。

公園ができて間もなく不穏な噂が流れました。公園を作っているときに工事の作業員があやまって丘に使用する土を被って生き埋めになったという話です。

私はその話を聞いてから怖くなってその公園の横を通る時は丘の方は決して見ずに早歩きで通るようになりました。

そして私は4年生になりました。その頃には公園の事故のこともすっかり忘れていました。家が近いということで、公園で遊ぶことも多くなりました。

その日は弟とふたりで、丘に登って遊んでいました。弟は3つ下でしたので1年生でした。私が花を摘んでいると弟は土を熱心に掘って遊んでいました。「手が汚れるからやめて」と私は弟に声をかけました。弟は私の声が聞こえないかのように夢中で何かを掘っています。私は弟に止めるようもう一度注意をしようとして近づきました。

そして、私は見たのです。弟がほっていたその手元には人間の鼻が出ていたのです。私はむずかる弟の手を引いてその場から足早に立ち去りました。

後日、弟にその時の話をしても全く覚えていません。あれは見間違いだったのでしょうか？　今でも謎のままです。


二〇二三年の二月にこのメールをいただいてすぐ、この話についてもう少しくわしく教えてほしい、と返信したのだが、いくら送信してもメールが戻ってきてしまい、この公園はどこにあるのか、何年ぐらい前の話なのか、そもそも事故の噂は本当だったのか、検証できずにいる。

提供者がもしこの本を読まれたら、またわたくし鷲羽大介までご連絡されたい。

このメールを読んで以来、自分が子供の頃にも同じ体験をしたような気がしてならなくなったのだ。

大人の会話

真理さんが中学生だった四十年前の、夏休みの話である。

実家は農家で、父は農作業に、母はパートに出ていた。真理さんひとりが家に残り、自室で勉強をしていると、ふすま一枚隔てたとなりの茶の間で、テレビがついて音が流れてきた。お父さんが畑から帰ってきたのかな、と思って勉強を続けていると、テレビの音量がだんだん大きくなる。お硬いトーク番組らしく、おじさん二人が何やら深刻そうな調子で会話をしていた。しばらく我慢していたが、どうにも苛々してきたので、「お父さんテレビうるさいよ」と声をかけたが、テレビの音はそのままだった。

もうちょっと楽しそうな感じならまだ許せたけど、とにかく深刻な感じで、辛気臭かったんですよ。話の内容までは頭に入りませんでしたが、勉強している内容も頭に入らなくなってきて、もう我慢の限界だったんです。

真理さんは、ふすまを開けて「お父さん、いいかげんにしてよ」と声を荒らげた。

茶の間には誰もおらず、テレビの電源も入っていない。さっきまでうるさかった会話の声も、まったく止んでいた。

座卓の上には、はがきが一枚置かれていた。

真理さんが知らない、お父さんの知人らしき人の訃報を伝えるものだった。

お父さんはとっくに帰ってきていたが、トイレの中でずっと泣いていたそうだ。

お祭りの思い出

昼寝をしていると、近くの神社からお囃子《はやし》が聞こえてきて、目が覚めた。そういえば今日は縁日だったな、とふたたび目を閉じて、幼い頃に両親と行った縁日の思い出をしっとりと味わっていた。

寝ぼけていた意識が、だんだん浮かび上がってくるにつれて、ここは子供の頃に住んでいた実家ではなく、両親の死をきっかけに引っ越したマンションだということを思い出す。

窓の外からは、相変わらずお囃子が聞こえる。

外を見たところで、神社も行列も何もないことはわかっていた。ヘッドホンをつけて音楽を流し、布団をかぶって目を閉じた。いつの間にか両目から涙が流れている。

訃報の声

和弘さんが客先との打ち合わせから職場に戻ると、デスクに「不審な電話あり。モウリ先生がお亡くなりになった、とのこと」と書いた付箋が貼られていた。

毛利先生という名前には心当たりがある。二十年前、中学で剣道部に入ったときの顧問だ。しかし、いま住んで働いているのは、中学のとき住んでいた実家から遠く離れた地方である。中学時代の友人たちと交流があるわけではないし、勤め先を知っている人などいないはずだ。

和弘さんは、電話を受けた同僚に、どんな内容だったのか訊いてみた。

幼い女の子の声に聞こえたという。自分の名を名乗らず「和弘さんいますか」と言ってきた。同僚が「いま外出していますが、ご要件は何でしょう。どちら様でしょうか」と尋ねると、では、毛利先生が死にましたとお伝えください、とだけ言って切られたそうだ。

幼い女の子に、まったく心当たりはない。

和弘さんは、不審に思いながらも、実家の母に電話をしてみた。たしかに、地元の新聞に毛利先生の死亡広告が載っているという。

翌日は土曜日だったので、和弘さんは思い切って新幹線の切符を取り、実家へ帰った。毛利先生の葬儀は、日曜日に地元の斎場で営まれた。

喪服を身に着け、和弘さんは斎場へ行ってみたが、参列者は若い人ばかりで、和弘さんと同じ世代の人はひとりもいなかった。

中学時代、和弘さんは剣道部のレギュラーだったわけではなく、とくに目をかけられた記憶もない。あの電話は誰からだったのか、なぜ和弘さんだけが連絡をもらったのか、今以て謎のままである。

踊るガンダム

最近うちのガンプラが踊るんだよ、と彼氏が言い出した。

仕事のストレスか何かでおかしくなったのかもしれない、と心配になった尚美さんは、しばらく目を離さないようにしようと思い、彼氏の部屋に泊まり込むことにした。

意外なことに、彼の生活はいつもと何も変わらない。会社にも普通に出勤して、七時には帰宅していた。食事をいっしょに摂るときも彼はいたって明るく、楽しげである。尚美さんと一緒にいられることが嬉しいようだ。

壁際に立ててあるフィギュア棚の中には、カラフルなロボットのプラモデルがいくつも展示されていた。これも、以前から見ているが変わったところはない。

夜は、尚美さんがベッドに入り、彼はソファで毛布をかけて寝た。

拍子抜けしながら眠りについた尚美さんだったが、間もなく彼につつかれて起きた。

彼はものすごく嬉しそうな顔で、ほら起きて、あれだよ、と囁く。

ケースの中で、白いロボットが手を左右に振っていた。呆然としている尚美さんに、彼は、ほら見たでしょ、あれだよあれ、と鼻息を荒くしていた。

不思議だなとか、怖いなとか思うより先に、キモい無理、と感じたんです。そんなものを嬉々として私に見せようとする、その感覚がもう無理だと思いました。そのプラモデルだって、どれがガンダムでどれがガンダムじゃないのか、私にはわかりませんし。自分が好きで作ってる分にはかまいませんけど、その世界に私まで巻き込まないでほしい、と思ったんですよね。

尚美さんは、パジャマのままタクシーを呼んで自宅に帰り、彼の連絡先をスマホから消去して、別れ話をする手間すらかけることなく彼のことを切り捨てたそうだ。

なお、彼女はロボットアニメにうといため、踊っていたのがどのガンダムだったのか、そもそもガンダムだったのかどうかもわからないままである。

母と逢う

ベッドに横たわった妻の上におおいかぶさり、中に入ろうとすると、顔が自分の母親の顔になっており、驚いて跳ね起きた。

もう一度よく見ると、見慣れた妻の顔だった。

そんなことが、年に一度か二度だけある。それから改めてはじめると、妻はいつもよりずっと燃える。

結婚三十年を迎えた、富広さんの話である。

彼のお母さんはとっくに亡くなっていて、写真以外で母の顔を見る機会は、このときだけだそうだ。

牛の眠り

智子さんが事務の仕事をしている職場は、いつも彼女が一番に出勤する。裏口の鍵を開けて入り、セキュリティを解除して、表側の玄関に回る。玄関の大きなガラス戸の向こうでは、黒い仔牛が横たわって眠っている。気にせずドアを解錠し、ガラス戸を開くと何もいない。

最初は驚きましたけど、慣れてしまえばどうということもないですね。何かするわけではないし、匂いも汚れもありませんから。私の前にここで働いていた先輩も、見たそうです。その人と私以外は、そんなの見たことないって言いますけどね。

智子さんの職場については、牛乳や牛肉や牛革を使う業種ではない、とだけ書いておく。これ以上詳しく書くことは、許可してもらえなかった。

どこから来たの

雅俊さんの家は三十年ほど前に新興住宅地として造成された場所にあり、最近は住民の高齢化や空き家の増加、商店の撤退などが問題になっている。現代日本の縮図のような場所だが、この話はそれらとはあまり関係ない。

五年ほど前に定年退職をして、いまは悠々自適の生活をしている雅俊さんが早朝のウォーキングをするため玄関を出ると、わらを針金でくくって作られた、粗末なわら人形が置かれていた。迷信深いほうではないが、誰かがわざわざこんなものを作って置いていったのだと思うと、向けられた悪意にぞっとする。悪質ないたずらとして警察に通報し、また防犯カメラも設置した。

カメラを設置した翌日、またわら人形が置かれていた。雅俊さんは、録画された映像を確認してみた。

わら人形が出現したのは、午前三時ごろである。

持ってきた人間の姿は映っておらず、まるで地面から生えてきたかのように、わら人形だけが忽然と出現していたのだった。

警察にカメラの映像を提出したが「これあんたが作ったフェイクでしょ、いい歳なんだからふざけるのはやめてくださいよ」と説教をされたそうだ。

その後は、わら人形が出現したことはない。一回目のわら人形は警察に押収されたままだが、二回目のものは証拠品として受理してもらえなかったので、怒りを込めて大量の線香と一緒に燃やしてしまった。

あれはよく燃えたね、スカッとしたねえ、と雅俊さんは笑っている。

ドライブ・マイ・カー

高史さん夫妻が大型ショッピングセンターへ買い物に行き、立体駐車場に車を停めて、ふたり一緒に降車した。店舗入口の前で、階数表記を見た奥さんが、怪訝な顔をする。

「ここって三階？　おかしいね、三回上ってきたはずなんだけど」

そう言われると、高史さんもそんな気がする。ちゃんと数えていたわけではないが、もうちょっと上の階にいるはずだ、と感じた。

きっと、駐車場の階数表記と店舗の階数が違うんだよ。そう言って、高史さんは無理やり自分を納得させた。奥さんはあまり納得いっていない様子だが、そこにこだわっても仕方ない。とにかく店舗に入って、広いフロアのあちこちにある、お目当ての店でショッピングを楽しんだ。

帰りに、来たとき停めたはずの三階駐車場へやってきたが、なんだか違和感があった。停まっている車が入れ替わっているのは当たり前だが、壁や床の感じ、そして外を見たときの景色が違うように思える。

たしかこのあたりだったな、と記憶している場所へ来てみても、自分の車は見当たらなかった。首をひねりながら、高史さんは奥さんともども上の階へ行ってみた。

しっくり来る。たしかにここだった、という感じがした。

駐車場四階で、自分の車にやっと戻ってきた高史さんは、ほっと胸をなでおろして、帰宅したのだった。

その夜、就寝中に奥さんは頭痛を訴え、クモ膜下出血で緊急搬送されたそうだ。

書棚の向こう

中学教師の茂雄さんは、図書館で資料を探していた。生徒たちに郷土史を教えるためである。ただでさえ利用者の少ない図書館の、特にひと気のない分野の書棚で、ちょうど目の高さにあった分厚い市町村史を取り出す。

本が抜けた隙間から、書棚の反対側にいる人と目が合った。大学生ぐらいの若い女性だった。ストレートの長い黒髪に、銀縁の眼鏡をかけた古風な感じの人だった。

軽く会釈をする。ちょうど自分の娘ぐらいの年齢だな、と茂雄さんは思った。

必要なページのコピーを取り、本を書棚に戻そうとすると、空いたままの隙間から、さっきの女性がまだ反対側にいるのが見えた。ずいぶん熱心な子だな、と茂雄さんは思った。

本を戻した茂雄さんは、書棚の裏側に回ってみた。何の本を探しているのか、好奇心を起こしてのことである。

そこには誰もいなかった。

かわりに、床に本が散乱している。

裏側の棚は民俗学や精神世界の分野で、床に散乱していたのは、棚から抜かれたと思われる、呪術や魔術、悪魔や霊魂にまつわる本ばかりだった。

ああいう気味の悪い本を、わざわざ読む人もいれば、書く人もいるんですよね。世の中はいろんな人がいますねえ。あの子がこの世の人かどうかはわからないけど、きっと鷲羽さんたちのお仲間ですよ。

茂雄さんは、皮肉な微笑を浮かべて、こう言っていた。

お酌はいらない

ひとり暮らしをしているオートロックつきのマンションに帰って、玄関のドアを閉めて靴を脱ぎ、リビングに入って電気をつけた。

テーブルの上に、冷蔵庫に入っていたはずの瓶ビールが栓を抜かれているのと、八分目ほど注がれたグラスが置かれていた。栓抜きも並べて置いてある。ビールはたった今注いだばかりらしく、泡がまだしゅわしゅわとかすかな音を立てている。よく冷えていて、瓶はうっすらと汗をかいていた。

誰かいるのか、と声をかけたら、首筋を冷たくて濡れたものがするりと撫でていき、ドアも窓も閉まっているのに風が玄関へ向かって吹き抜けていくのを感じた。

ビールもグラスも栓抜きも、家にあるものだった。ただ、抜かれたはずの王冠だけが、いくら探しても見つからなかった。

しばし迷ったが、どうしても誘惑に勝てず、グラスのビールを飲み干した。

このビールが人生で一番うまかった。

母の教え

喫茶店のテーブルに、光枝さんと向かい合って腰掛けている。私はアイスカフェオレにちびちび口をつけながら、水を三杯おかわりして飲んでいた。いつになってもこういう取材は緊張して喉が渇く。人さまの話を飯のタネにしようというのだから、考えてみれば図々しい商売だ。そうは言っても、あまり挙動不審だと相手も緊張して、うまく話せなくなる。精一杯の平常心と柔和な表情を意識しながら、上品な仕草で温かい抹茶ミルクを飲む、穏やかな物腰の光枝さんが語る話を聞いていた。

光枝さんは六十歳、長年にわたって医療事務の仕事をしている。ふたりの息子はすでに成人して独立しており、今は夫とふたり暮らし。ごく普通の人物である。

そんな光枝さんのお母さんは、「視える人」だった。

みっちゃん、前から来る女の人な、あれ生きてる人と違うで。

幼い光枝さんと手をつないで歩きながら、お母さんはそんなことをときどき言っていた。相手は光枝さんには見えない。お母ちゃん、誰もおらんで。そう言うとお母さんは決まって、みっちゃんは鈍い子ぉやね、でも人間、そのくらいのほうが幸せやなあ。

そんなことを言うのだった。

そういうときの母の表情は、忘れられません。残念なような、嬉しいような、なんともいえない顔でした。五十年経ってもまだ思い出せます。

光枝さんは、幼い頃のことを思い出しながら、抹茶ミルクに口をつける。

お母さんが亡くなったのは、光枝さんが十歳の頃だった。子宮ガンだったという。まだ若いこともあって進行が早く、見つかったときにはすでに末期だった。

入院していた病室で、お母さんは光枝さんの手を取って、こう言った。

みっちゃん、お母ちゃんなあ、もうすぐ死ぬんよ。でも寂しがることないよ、姿は見えれ、それからは何でもくれる。でも、お母ちゃんはずっと、ずうっとみっちゃんのそばにおるからね。それにな、もうすぐあんたも、いろんなことがわかるようになるはずや。だから、お母ちゃんは何にも怖ない。死ぬなんて、本当はたいしたことやないんよ。

お母さんは、それから一ヶ月ほどして亡くなった。

棺にすがりついて泣くお父さんや、遺されたひとり娘を不憫《ふびん》がって泣く親戚のおばさんたちを見て、光枝さんは不思議な気持ちだった。お母さんの言葉がずっと胸にあったからだ。姿は見えなくなっても、お母ちゃんはずっと私のそばにおる。光枝さんには確かにその実感があった。

お葬式を終えてしばらくしたある日、光枝さんはお父さんと、お母さんの妹である叔母さんに連れられて、デパートの食堂へ食事をしに行った。スパゲティとソフトクリームをいただいて、光枝さんはご機嫌だった。お父さんと叔母さんが、こんなに仲が良いとは知らなかった。

その帰りに、食堂を出たとき、向こうからこちらに向かって歩いてくる人の姿があった。背が高くて恰幅の良い、立派な和服を着たおじいさんだ。

光枝さんは、その人を見た瞬間、あ、この世の人やない、と感じた。

あのときねえ、ほんまに嬉しかったんですよ。ああ、お母ちゃんが言うてはったのはこれやったんや、って。え、なんでわかったのかって？　そんなん口ではよう言いませんよ。見たらわかる、としか言いようがないんです。身体が半透明で向こうが透けて見える、とか、影がないとか、地面からちょっとだけ浮いてるとか、そういうわかりやすい特徴があるわけでもないんですよね。見えてるのに、これほんまは見えないはずの人なんや、とわかるんです。目で見ているわけではなくて、頭の中なり胸の中なりにある、心が直接感じている、といえばわかりますかね。そんな感じなんです。

光枝さんの話す言葉は、いつしかお国訛りが強くなっていた。

その和服のおじいさんは、お父さんや叔母さんには見えていないようで、こちらへ歩いてきてもよけもしなかった。叔母さんとぶつかりそうになったが、そのまますり抜けてどこかへ行ってしまったのだった。

叔母さんはそれからちょくちょく家へ来るようになり、日を追ってその頻度は高くなっていった。そしてお母さんの喪が明けた一年後、お父さんと叔母さんのふたり揃って、これからは叔母ちゃんが新しいお母さんになるからね、と言われた。妹だけあってお母さんによく似た、とても明るいひとだった。一年後には弟が生まれ、家族はにぎやかになった。歳の離れた弟は可愛くてたまらなかったし、新しいお母さんは、光枝さんのこともわけへだてなく愛してくれて、家庭はとても幸せだったそうだ。

たったひとつの不満は、新しいお母さんが「視える人」ではなかったことである。

でも、その不満はすぐに解消された。何しろ、いまは自分自身が「視える人」になったのだから。ときどき、弟を抱いて家のまわりを散歩していると、この世の人ではない人が立っていることがあった。自分と同年代ぐらいの少年のときもあれば、お父さんぐらいの大人のときもある。そんなときは抱っこしている弟に、ほら見てみい、あれ生きてる人と違うで、と語りかける。そうすると、弟は決まってきゃっきゃと笑うのだった。

育ての母も、とてもよくしてくれました。でも産みの母のことを忘れたことはありません。だって、いつでもそばにいるという実感が、なくなったことはありませんからね。この世には、生きている人だけがいるわけではない、というのを、母が教えてくれたんだと思っています。でも母が言ったとおり、母の姿を見たことだけはありません。そばにいる、というのはそういうことではないんでしょうね。

光枝さんは、すっかりぬるくなった抹茶ミルクをテーブルに置いたまま、ふんわりとした笑顔で話し続けていた。

話に出てきた光枝さんの弟は、ちょうど俺と同年代になるんだな、と私はトマトジュースをすすりながら計算していた。アイスカフェオレはもうとっくに飲み干して、追加注文したものである。

光枝さんが「視える」ようになったことは、お母さんにとって、果たして嬉しいことだったのだろうか。視えないぐらいのほうが幸せだ、というのも本心だったのだろうし、でも自分と同じようになることが嬉しかったのも、また事実なのだろう。

とにかく光枝さんが良ければそれでいいのだ、と私は思うことにした。

お父さんと、育てのお母さんは、昨年の夏、自宅で揃って亡くなっているのが見つかったそうだ。見つけたのは弟さんで、死後何日も経って遺体は腐敗が相当進んでいたという。

ナビに引かれて

夏美さんと彼氏は、高原の静かな森の中にある、隠れ家的な和菓子屋さんを目指してドライブしていた。運転していたのは夏美さんである。季節は秋の入り口で、太陽はまだ力強い光で地上を照らしており、ふたりは涼しい木陰のお店で、評判の冷たいわらび餅を食べるのを楽しみにしていた。

ふたりとも、その店に行くのは初めてである。道がよくわからないので、ネットの記事を頼りにして彼氏がカーナビに住所を入力し、それに沿って進んでいった。

ナビに従って車を走らせていくと、今まで通ったこともないような、狭くて曲がりくねった山道に入った。右は切り立った崖で、左は深い谷になっている。路面にはガードレールは古くてあちこち錆びており、木が鬱蒼と生い茂っていて昼間でも暗い。路面には落ち葉と小石が散乱していて、ところどころ舗装が剥がれてでこぼこになっていた。

不安になりながらも、夏美さんは慎重に車を進めていった。楽しく会話が弾んでいた車内も、いつの間にかふたりとも押し黙って、ただ山道の先を見つめている。

やがて、道が少し広くなってきて、目的地らしいものが見えてきた。

彼氏が「うそだろ、なんでこんなところに着くんだよ」と腹立たしげな声をあげた。

着いた場所は和菓子屋さんなどではなく、継ぐ人がいなくなって廃墟化した荒れ寺だった。地元では有名な心霊スポットで、肝試しで入ったものが行方不明になっただの、精神病院に入院しているだの、まことしやかに噂されている。朽ちかけた山門はいかにも不気味で、垣間見える建物は、かつての敬虔《けいけん》さがそのまま反転したような禍々しい空気を放っていた。

夏美さんは、山門の前で車を停めた。彼氏のいたずらかと思って腹が立ち、こんなところへ連れてくるなんて何のつもり、と彼を詰《なじ》ったが、彼は本気で狼狽しているようだった。何ここ、うわ、なんか気持ち悪い、駄目だ俺。そう言うと彼は口を片手で押さえながら助手席のドアを開け、飛び跳ねるように車から降りた。そしてガードレールの向こうの谷側へ身を乗り出して、胃液を勢いよく吹き出すように嘔吐していた。

彼とは何度もドライブデートをしているが、乗り物酔いなどしたことは一度もない。

夏美さんも彼を追って車から降り、吐き続ける彼の背中をさすってあげた。しばらくすると彼も落ち着き、とにかく元の道へ戻ろうと車をUターンさせた。

夏美さんは、車を走らせながら「ごめんなさい、ナビに連れられて来ただけなんです、ごめんなさい」と心の中で繰り返していた。誰に対して謝っているのか自分でもよくわからないが、そうすることしか考えられなかった。

来るときは随分時間がかかったような気がしたが、帰りはすぐに大きな道へ戻ることができた。夏美さんは、よかった、帰れたね、と助手席の彼氏に向かって言った。

そうだね、と返事をした彼を見ると、首がなかった。

急ブレーキを踏んで、ふたりともつんのめった。

もう一度、おそるおそる助手席を見ると、彼氏にはちゃんと首がある。

その日はもうわらび餅どころじゃなくて、すぐに帰りました。

それから一週間経つんですが、なんとなく気まずくて、向こうも同じみたいで、お互いに連絡はしていません。やっぱり、ちゃんとふたりでお祓いとかしないといけないですかね。こういうときって、どうするものなんでしょうか。

夏美さんは本気で怯えているが、お祓いするかどうかは別として彼氏には連絡したほうがいいし、わらび餅も季節が過ぎる前に食べておいたほうがいい、と私は思った。

でも夏美さんが聞きたいのはそういうことではないだろう。きっと大丈夫ですよ、ちゃんと心の中でお詫びしたんですから。そう言ってほしいのだ、ということは私にもわかるのである。

推しの顔がいい

弓香さんは昨年から女性アイドルを強く推していて、ライブには欠かさず参戦している。

その日は、遠い地方会場のライブを見るため、飛行機まで使って遠征していた。

ライブを堪能し、完全燃焼してホテルの部屋で眠っていると、夜中に何者かが弓香さんのベッドに入って、身体をまさぐってきた。

すべすべとした肌の感触で目を覚ました弓香さんの眼前に、推しの美しく整った笑顔があった。

歓喜とともに、戦慄が弓香さんの背中を走り抜けた。

これは本物じゃない、夢でもない、きっとこの世のものではない。そう直感した弓香さんは、推しの美しくて小さな顔を手でつかみ、思い切り力を込めて握った。

推しの顔はあっけなく潰れ、弓香さんの身体をまさぐっていた手も、絡めてきた足も、消えてなくなった。

弓香さんは、安堵と寂しさが半々に混じり合ったような気持ちになり、そのまま再び意識が遠のいていった。

翌朝、目を覚ました弓香さんは、右手に潰れたトマトを握りしめていた。

このホテルの部屋に、トマトなど持ち込んだ覚えはない。

弓香さんは、とりあえず汚れた手をユニットバスの洗面台で洗い、シーツに飛び散ったトマトの果汁も濡らしたタオルで拭き取ると、そのタオルもバスタブで石鹸をつけて洗った。

夢だと思ってあのまま身を任せていたら、いったい私はどうなったんでしょう。弓香さんは夢見るような趣をたたえた眼差しで、そう言っていた。

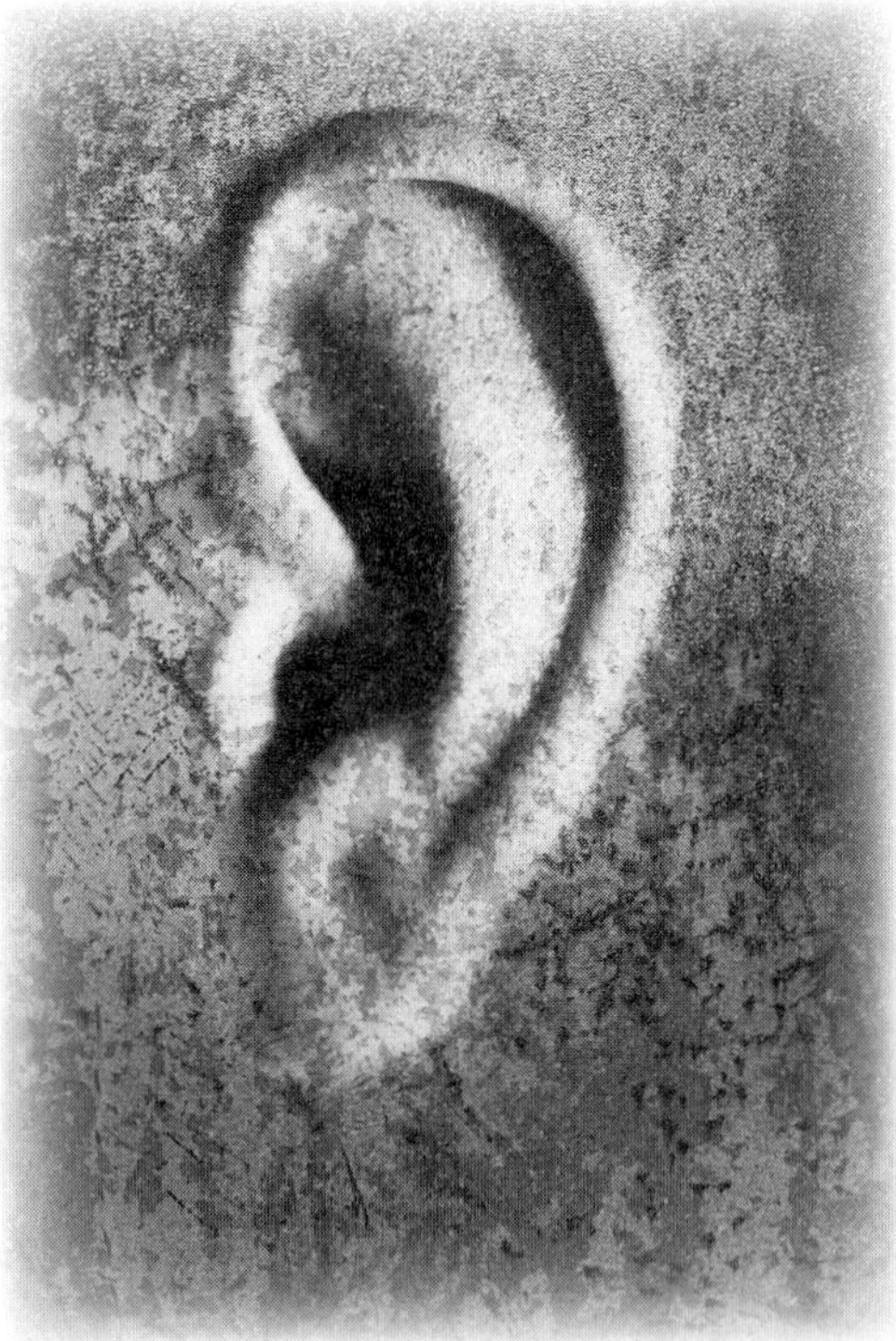

校則違反

春子さんが高校二年の頃、登校すると校門の前で生徒指導の先生に怒鳴りつけられた。

お前、なんだそのピアスは。校則でピアスは禁止だぞ。

春子さんはピアスなどつけた覚えはない。この先生は何を言っているんだろう、と思って手を耳にやった。

まったく穴を開けた覚えのない右の耳たぶに、銀色のループピアスがはまっていた。

その瞬間、耳たぶの穴に痛みが襲ってきた。

赤子泣いても

私と同年代の裕樹さんが、高校受験をひかえる少年だった頃の話なので、およそ三十五年ほど前のことである。

家の近くの図書館で勉強していると、火がついたように泣く赤ちゃんの声がした。幼児ではない、明らかにまだ月齢の低い乳児の声だ。

こんなところに赤ちゃんを連れてくるなんて非常識だな、と裕樹さんは思った。文句を言ってやりたくなり、館内をしずしずと歩き回って探してみた。

声のするほうをたどっていくと、男性用トイレの個室から聞こえている。きっとおむつを交換しているのだろう。そう思うと、許してやりたい気持ちになった。お父さんがわざわざ赤ちゃんをこんなところに連れてきて、おむつの交換までしてあげるなんて、立派な人じゃないか。まだ少年の裕樹さんにも、そのぐらいのことは想像できた。

個室から聞こえる泣き声はやんだ。おむつの交換が終わったのだろうと思い、裕樹さんは小便器に向かって用を足しはじめた。

個室から出てきたのは、近所でも有名な変わり者の老人だった。

戦時中は中国大陸に出征していて、帰国してからは家族ともほとんど口をきかなくなり、家族がみんな鬼籍に入った今は地域の人とまったく交流せず、わずかな年金で生活していると評判の、偏屈な男だったのである。

もちろん、赤ん坊など影も形もなかった。

あの老人が、大陸でどんなものを見てきたのか、何をしてきたのか、裕樹さんの両親も含めさまざまに噂していたが、本人は誰にも何も語ることがないまま、それから間もなく亡くなった。冬の朝、家の近くの河川敷で、ブリーフ一枚の裸になって死んでいたという。

小麦の香り

優子さんの家の近くに、小ぢんまりとしたベーカリーがあった。パンの種類はそれほど多くなく、目を引く斬新なものやおしゃれなものもなかったが、食パンやバターロールといった基本的なパンの味がよくて、優子さんはここのパンを主食にしていた。

パン屋の主人は四十歳ほどの恰幅のいい男性で、小柄でおとなしそうな奥さんとふたりでこの店を切り盛りしているのだった。優子さんは、足繁く通ううちにこの夫婦ともすっかり顔なじみになり、店に行くたびあれこれと世間話をしたり、新商品の感想を訊かれたりするようになっていた。

ある日、優子さんが仕事から帰宅して、パン屋の前を通ると、店に救急車が来ている。どうしたんだろう、と心配で見ていると、ストレッチャーで店主が運ばれていった。接客中に倒れたらしい。

翌日、店の入口には「店主体調不良のためしばらく休みます」と貼り紙がしてあった。脳梗塞だということだった。

あの店のパンが食べられなくなり、優子さんは仕方なくスーパーでメーカー製の食パンを買うようになったが、やはりあの味が恋しい。

一週間ほど経った朝、貼り紙をしたままの店の前を通ると、久しぶりにパンのいい香りがしていた。でも、どこか前の香りとは違うように思える。中を見ると、奥さんがひとりでパンを焼いていた。

優子さんは、ドアをノックして中に入れてもらった。

奥さんの話では、旦那さんはしばらく退院できないので、パンの種類は食パンだけに絞って、奥さんがひとりで店を守ることにしたのだという。今は試作段階で、旦那さんがいたときの味にはとても及ばず、まだお店を開けることはできないが、きっとできるようになるので応援お願いします、と試作の食パンを一斤渡された。お金を払おうとしたが、まだそのレベルではないので、と断られた。

帰宅してから、分厚く切ってトーストしてみたが、美味しいことは美味しいけどやはりご主人の味にはかなわない、と優子さんは思った。

それからしばらくの間、三日に一度ほど、奥さんが店で試作のパンを焼く香りがすることがあった。優子さんは、前と同じではないにしても美味しいのだから、お店を開ければいいのに、と思ったが、口出しするのも何なので、なるべく店の前を避けて歩くようにしていた。見つかると声をかけられてパンを渡され、やはりお金を受け取ってくれないので、悪い気がして敬遠していたのである。

一ヶ月ほどしたある日、優子さんはパン屋の隣の薬局に用事があり、仕方なく店の前を通ると、店の電気はついておらず、かわりに中から焦げ臭い匂いがしていた。

焦げ臭いどころか、明らかに何かが燃えている匂いだ。優子さんは、これは火事だと思ってドアを押す。鍵はかかっておらず、簡単に中へ入ることができた。

不思議なことに、中に入った途端、あの焦げ臭さは跡形もなく消えていた。煙が充満しているようなことも、スプリンクラーが作動したような様子もない。優子さんは、狐につままれたような思いで店を後にした。

次の日、地元の新聞であのパン屋夫婦が亡くなったことを知る。

脳梗塞の後遺症で思うように働くことができなくなり、開店したときに作った借金の返済や、これからの生活に絶望したふたりは、車の中で酒と睡眠薬を飲んだうえに七輪で練炭を燃やし、一酸化炭素中毒で心中していたのである。不自由な身体の夫を助手席に、妻が運転席に座り、つないだ手と手を太い結束バンドで縛り付けて、とても安らかな表情だったという。

あのパン屋は間もなく更地になり、今は千円カットの理髪店が建っている。

優子さんは、美味しいパンが焼ける香りの記憶が、焦げ臭い火事の匂いで上書きされてしまったことを、とても残念に思っているそうだ。

なお、練炭が燃えるときの匂いを、優子さんは嗅いだことがない。

ほんとうの色

幸治さんは、親から相続したものの使い道がなかった空き店舗で、最近流行りの冷凍食品無人販売店を始めた。餃子やラーメン、スイーツなどを扱い、売れ行きはなかなか好調だそうである。

店は無人で、セルフサービスで会計を行うのだが、防犯カメラがしっかり記録しており、どうしても心配してしまう万引きの被害は、意外なことにほとんどないという。

ただし、防犯カメラはフルカラーで録画しているにもかかわらず、ある特定の人物が来店したときは、その人だけがモノクロに映る。

店内にいる他のお客は、ちゃんとカラーで映っている。だが、その人ひとりだけがいつもモノクロなのだ。最初は、モノトーンの服を着ているだけなのかと思ったが、よく見ると顔色や手の色まですべてモノクロになっているのである。

その人は中年の女性で、とくに変わったところはなく、万引きを警戒するような不審な動きもなく、オーナーの幸治さんとの面識もまったくない。よく餃子を買っていくのだが、なぜか決まってその人だけがモノクロに映るのである。

月に二度から三度ほど来店するその人の、本当の色はどうなっているのかいつか確かめたい。そう思って幸治さんはときどき店に赴くのだが、今のところタイミングが合わず、本人を生で見ることはできていないそうだ。

ひとりの死

秀樹さんが商店街の歩道を歩いていると、車道をふらふらと蛇行しながら走る、銀色の軽自動車とすれ違った。

運転しているのは白髪がかなり薄くなったおじいさんだが、まったく同じ顔をした老人が、助手席にも後部座席にも、満員に乗り込んでいる。老人の四つ子なんて見たことないな、と秀樹さんは思った。

危なっかしい運転に加え、乗車している人たちが珍しいもので、しばらく目を奪われる。車は相変わらずよたよたと頼りなく走っていき、秀樹さんの目の前で、インドカレー屋の軒先に突っ込んだ。

スピードはそれほど出ていなかったが、それでもすごい音がした。エアバッグが作動したらしく、きな臭い匂いがあたりを覆った。ドアのガラスが砕けた店からは、色とりどりのトピ帽を被ったネパール人スタッフたちがわらわらと出てきて、ナニナニ、ドウしたの、ダイジョブ、と心配げな様子である。

目撃者の秀樹さんは、おろおろしているネパール人スタッフたちに、衝突前からふらふら蛇行していた車の様子を教え、スマホで一一〇番しつつ乗員の救助に取り掛かった。

さっき見たときは助手席や後部座席にも、四人のおじいさんが乗っていたはずだったが、カレー屋に突っ込んで止まった車には、運転席にひとりしか乗っていなかった。

ハンドルに突っ伏し、エアバッグに顔をうずめている運転手の老人は、もう呼吸をしていなかった。外傷はとくにない。どうやら衝突したときはすでに死亡していたようだ。

間もなく警察がやってきた。秀樹さんは、自分が見た事故の経緯を説明したが、同じ顔の乗客たちのことは面倒なので言わないでおいた。

あのカレー屋にはその後ちょくちょく行くようになったが、事故の話をしたことは一度もない。

鼻の中

中学校で野球部に入っている翔平くん（本人の希望によりこの仮名としました）の経験である。

素振りをしていたとき、鼻がむずむずしてきて、手を止めてくしゃみをした。鼻の穴に何やら異物感がある。翔平くんは鼻に手をやった。毛が出ている。いやだな、鼻毛が出ているところなんか、誰かに見られたらカッコ悪いな。翔平くんは、周囲の部員がみんな自分の練習に夢中なのを確かめて、鼻毛を抜こうとした。

鼻の奥で、固まっていた何かがぬるりとほどける感触がする。そのまま引っ張った。翔平くんの鼻の穴からずるずると出てきたのは、一メートルはありそうな長い髪の毛だったのである。

この野球部はいまどき珍しく全員五厘刈りだし、そもそもこんなに髪の長い人は、生徒も教師も含め、学校のどこにもいなかった。

右

小学一年生の頃の話です、と聡美さんは語り始めた。

学校の帰りに、家の前まで歩いてきたら、地面に目玉が落ちていた。

たった今えぐり出したばかりのように、ぬめぬめした粘液にまみれていて、視神経だか血管だかわからないが、ぐじゃぐじゃした紐状の組織がくっついていた。

聡美さんは、なんだか汚らしくて嫌な感じがして、そいつを踏んづけてやろうとした。

目玉は聡美さんの小さな足を逃れてぱっと跳び退き、そのまますごい速さで走り去って、草むらの中に入って見えなくなってしまった。

これは本当に不思議なんですけれど、踏みつけようとした瞬間、なぜか「あ、これは右目だ」とわかったんです。なぜわかったのか、わかったからといってどうしたらいいのか、いくら考えてもわからないんですけどね。

どうにも納得がいかない、という聡美さんは、生まれつき聴力が少し弱く、補聴器をつけて生活している。

あれから二十年経つが、今でも「左目」がどこかに落ちている気がしてならず、いつも地面や床ばかり見て歩いてしまうそうである。

床を這うもの

徹さんが二歳の息子をファミレスに連れていき、お子様ランチを食べさせて、自分もスパゲティを食べていたときのことである。

キッズチェアに座っている息子が、床を指さして「パパ見て、あれ見て」としきりに訴えている。何か落とし物でもあるのか、それとも虫か何かがいるのか、と思ったが、とりあえず、ケチャップでべたべたになっている息子の口のまわりを、ウエットシートで拭くのが先だった。息子は拭かれるのを嫌がって顔をそむけながら、「パパ、へびだよ、白くてきれいなへびさんがいるよ」となおも話しかけてくる。

徹さんが床に目をやると、体長二メートルはありそうな大きくて太い蛇が、真っ白い身体でゆっくりとこちらへ這ってきていた。

驚いた徹さんが踏みつけようとすると、身体を伸ばしたまま腹から床に吸い込まれていき、消えてしまった。

徹さんは、どうしたらいいか迷った末に、帰りは白蛇を祀《まつ》っている神社に寄り、お賽銭として一万円札を一枚放り込んできた。

子供だけは許してください、と心の中で繰り返しながら必死に手を合わせていたのだが、蛇を殺したり粗末にしたりした記憶はなく、何を許してもらえばいいのかわからなかったそうだ。

翌日の朝、自宅で朝食をとっていると、息子がまた「パパ、へびさんがいるよ」と言って壁を指さした。

徹さんには何も見えなかったが、息子は目をきらきらと輝かせて「へびさんきれいだねえ」と言っていた。

対症療法

美沙さんは彼氏からプロポーズを受け、同居したいという四国の実家に招かれた。さすがに緊張したが、彼は「まあ緊張しなくていいから。うちの両親も姉貴も、ごくおおらかでいい加減な人たちだから」などと、いたって気楽な様子である。

飛行機とバスを乗り継いで到着した彼の実家は、二階建ての古い木造だったがきれいにリフォームされていて、心配していたほどいかめしい感じではなかった。

ご両親はとても柔和で、にこにこしながら美沙さんのことを「可愛い人だねえ」「素敵ねえ」と褒めそやし、もてなしてくれる。お姉さんに至っては、彼氏以上に美沙さんのことを気に入り「弟じゃなくて私のお嫁さんになってよ」などと真顔で言うほどであった。お姉さんは彼に似たところのある、派手な顔立ちのたいへんな美人で、美沙さんはどきどきして舞い上がってしまったという。

おいしい食事をごちそうになり、片付けも手伝わせてもらったが台所の使い勝手もとても快適で、美沙さんはすっかりこの家が好きになってしまった。すぐにでもここでこの人たちと一緒に暮らしたい、という気持ちになっていた。

夜も更けてきた。美沙さんは二階にある彼の部屋で一緒に眠ることになる。二階全体が若夫婦用にリフォームされていて、大きなベッドと広いウォークインクローゼットを備えた部屋、それに夫婦専用のバス・トイレまで完備されている。至れり尽くせりで、美沙さんは感激していた。

用意してもらった、肌触りのいいパジャマに着替えて、ベッドに入ろうとしたとき、彼から「はいこれ」と木の柄がついたフォークを渡された。ステーキハウスで使うような、ごつい品である。美沙さんは「何これ」と彼に尋ねたが、「それがあれば大丈夫だから」としか言ってもらえなかった。とにかくそのフォークを手に握ったまま眠ってほしい、というのである。

彼と並んでベッドに横たわり、旅の疲れもあってうとうとし始めた頃だった。

目を閉じているはずの美沙さんの視界に、ちらちらと何か動くものが映る。

まぶたの裏で、むっちりとした白いものが、もぞもぞ蠢《うごめ》いていた。

巨大なかぶと虫の幼虫だ、と気づいたのは、目を開けてからだった。まぶたの裏に見えていたものが、目を開けてもそこにあった。

仰向けになった美沙さんの、ちょうど目の前から三十センチほどの高さのところで、浮かんで身体を丸めたり伸ばしたりしている。

美沙さんは、ぬめぬめとしたその体表を気持ち悪く思いながら、手に持っていたフォークでそいつを追い払おうとした。

横に振って薙ぎ払うと、かすかに、ぶよっとした手応えがする。

幼虫は視界の中をころころと転がって、見えないところへ出ていってしまった。

美沙さんは彼氏を揺り起こすと、いま起きたことを話した。

そうなんだよ、うちにはああいうのがいるんだ。俺が生まれる前に、姉貴が小さい頃から始まったらしい。原因はわからないんだけどね。いろいろお祓いとかご祈祷とかやってもらったんだけど、どうも効果がなくてさ。でもただ目の前でもぞもぞするだけでとくに悪さをするわけではないし、いろいろやってみたけど鉄が苦手らしくて、ああやって鉄の道具でつっついたりするといなくなるんだよ。

美沙さんは、少しだけ悩んだが彼の求婚を承諾し、それまで勤めていた仕事を辞めて四国へ引っ越した。

それからおよそ十年が経過したが、ご両親は相変わらず優しく、義姉の溺愛ぶりはますますエスカレートするばかりで、服を買ってきては着せ替えさせてくれたり、夫を置いてふたりで温泉へ旅行したりするそうだ。

もちろん今でも毎晩、鉄のフォークを握りしめて眠っている。だいたい週に一度か、もうすこし少ないぐらいの頻度で、現れるものはいつも同じだ。フォークで追い払えばすぐにいなくなる。

もうすっかり慣れっこになっているが、もしフォークを忘れて眠ったらどうなるんだろう。ときどきそう思うことがあるそうだ。実行に移したことは一度もない。

いりません

山形県の農村部に住む香織さんはその夜、広い家にひとり、それに飼い犬二頭だけで過ごしていた。一緒に住んでいる両親と弟は、まだ仕事から帰っていない。

八時を少し過ぎたあたりだった。香織さんが自分の部屋でテレビを見ていると、リビングでくつろいでいるはずの二頭の柴犬が、一斉に吠え始めた。こういうときは、だいたい宅配業者である。おそらく弟が注文したフィギュアか何かが届いたのだろう、いつも置き配にしているからきっと受け取りにいく必要はないな、と思った。

すると、玄関から「こんばんはー」という声が聞こえた。年配の女性のようだ。インターホンがあるのに、それを使おうとせず声を出してくる。この地方のお年寄りはそんな感じの人がたしかに多いが、聞き覚えのない声だった。近所の人はみんなよく知っている。でもこの声は初めてだ。犬は相変わらず吠え続けている。

香織さんが戸惑っていると、「こんばんはー」とまた声がした。やはり年配の女性のようっだが、さっきの声とは別人だ。鈴を転がすように高くて可愛らしい。でもこの声にも聞き覚えはない。

次々に「こんばんはー」「こんばんはー」と声が続いた。どれも年配の女性には変わりないが、妙に野太い感じの声もあれば、かすれて嗄《しわが》れた声もある。香織さんは訳がわからなかったが、とりあえず様子を見ようと部屋を出た。戸を閉めた途端に声が止んだ。

リビングに向かうと、さっきまであんなに吠えていた犬たちは、ソファの上で寄り添って眠っている。玄関まで行くと、外に人影はなかった。

玄関の三和土《たたき》に、何か落ちている。お守りのようだ。拾ってみると、安産祈願のお守りだった。聞いたこともない神社の名前が入っている。

ドアの鍵はかかったままだった。

香織さんがネットで調べると、その神社は徳島県にあった。

彼女は独身で、妊娠や出産の予定はまったくなく、徳島県には縁もゆかりもない。

お守りは、家族が帰ってくる前に、家の裏を流れる用水路に流してしまったそうだ。

座敷犬

満智子さんの家では、小型犬を三頭飼っている。白いスムースコートのチワワ、毛を長く伸ばしたヨークシャーテリア、黒くてもふもふした、子熊のようなポメラニアンである。それぞれ個性があり、チワワは怖いもの知らずで散歩中にも大きな犬に向かっていこうとするし、ヨークシャーテリアは臆病でドッグランに行っても満智子さんのそばを離れようとしない。ポメラニアンはとにかく人間に撫でられるのが大好きで、撫でてくれそうな人を見つけると目の前にちょこんとお座りして、撫でてもらうまでそこから動かない。

本当に可愛いんですよ、と満智子さんはいかにも嬉しそうに話す。

多頭飼いは手間がかかる。旦那さんと娘三人、満智子さんも入れると五人の家族全員で世話をしているが、それでもときには犬だけを残してみんな留守にするタイミングもある。そのために、ペットカメラを設置して、留守にしている間の犬たちがどう過ごしているか、記録をするようになった。

リビングのテーブルの下を、犬たちは駆け回って遊んでいる。白いチワワと黒いポメラニアンは、追いかけっこをしていた。そこにヨークシャーテリアがやってきて、チワワの背中から絡みつき、じゃれている。茶色い柴の子犬は、仰向けになってお腹を出し、甘えていた。

いつもそんな感じで、いないはずの四頭目が映るんですよね。豆柴のときもあったし、トイプードルのこともありました。いえ、家の戸締まりはしっかりしてあるので、知らない犬が紛れ込むはずはないんです。

可愛いからいいんですけど、やっぱり多少は気になりますね。どうすれば私の前に出てきて、もふもふさせてくれるのかなあ。会いたいなあ。

満智子さんはそう言ってにこにこしている。「座敷犬」という言葉はあるが、こういう意味じゃないよなあ、と私は思っていた。

立ち止まるな振り向くな

休日の昼下がりに、真希さんが書店へ行こうとして大きな横断歩道を渡っていると、後ろから「そのまま振り向かずに俺の話を聞け。立ち止まるな。気づかぬふりをしろ。やつらに見られている」と低い声で話しかけられた。若い男のようだった。

「左に曲がると公園がある。そこのベンチに座って待っていろ。絶対に後ろを見るな」

何がなんだかわからないまま、真希さんは言われたとおりにした。小さなブランコとベンチがあるだけの、遊ぶ子供もいないような公園だった。

ベンチに座ると、目の前が急激に暗くなった。真希さんは、自分の目がおかしくなったのかとあわてたが、腕時計を見ると午後六時になっていた。

公園には誰も来ていない。真希さんは気持ち悪くなってすぐに帰った。お目当ての本は別の日に買うことにした。

こういうスパイ映画みたいなシチュエーションって、ちょっと憧れるものはありましたけど、実際に触れると気持ち悪いものですね。あの声は、結局なんなのか分からず仕舞いなんですけど、すごくいい声だったんですよ。また聞きたいなあ。

やつらというのは何のことを言っているのか、私はそこに興味があるのだが、真希さんは声の主を想像するのに夢中で、そんなことに関心はないようだった。

乗車補助

タクシーのドアが開いて、乗り込もうとしたら、見えない何かに腰をぐっと押されて、運転席の真後ろに座っていた。

運転手が「お客さんに触るなといつも言ってるだろ」と、声を荒らげて何かを叱っていた。

知らぬ存ぜぬ

飲み歩いて終電を逃した智之さんは、ネットカフェで一夜を過ごすことにした。スペースは狭くて窮屈だし、壁の上の方は開放空間になっていて、プライバシーはあまり保てないが、公園のベンチで朝まで過ごすのを考えたら、クッションのきいた寝床で横になれるだけマシだ。

仰向けになり、ぼんやりとしている。天井にはめ込まれた明かりは灯ったままだが、まぶしいというほどでもない。智之さんはうとうとし始めた。

右側の壁の上から、髪をマッシュルームカットにした中年男が覗いていた。驚いた智之さんが、うっ、とかすかな声をあげると、男はすぐに顔を引っ込めた。

なんだこいつ、気持ち悪いな。智之さんは不快な思いで、顔を背けて左側のほうを向いた。

壁の上から、さっきと同じ顔が覗いていた。にやにやと笑っている。

智之さんは飛び起き、文句を言ってやろうと思って左側のブースに駆け込んだ。

そこには誰もおらず、備え付けのパソコンにも電源は入っていなかった。

反対側の、右隣のブースも同じで、まったくの無人だった。

智之さんは、まだ酔ってるのかなと思い、無料で使用できるシャワー室へ行ってみた。顔を洗ってすっきりするためである。

パウダールームの、鏡の前に立つと、後ろにさっきの男がにやつきながら映っている。

思わず智之さんは後ろを振り向いた。やはり誰もいない。前を向き直すと、鏡にはもうさっきの男は映っていなかった。

チェックアウトして逃げようかと思ったが、ただ顔が出てくるだけならどうということもない、と思い直し、フロントでアイマスクと耳栓を買って、智之さんは朝までぐっすりと眠った。


とにかくこういうときは耳を貸さない、聞く耳を持たないのが肝心ですから。


智之さんはそう力説している。

あの日以来、自分の家でも窓の外や冷蔵庫の扉の隙間などから、あの男が覗いていることがあるそうだが、とにかく無視するという対応でやり抜く決意だそうである。

人気メニュー

優斗さんから情報提供というか奇妙な依頼のようなものが来たのは、春まだ浅い三月下旬のことだった。

僕の大学の近くに、古くて汚いけどとても繁盛している町中華の店があります。でも大学の友人は誰もその店のことを知らず、雑誌やテレビで取り上げられたこともないし、ネットの口コミも星二つが一件ついているだけなのですが、昼十一時の開店から夜八時の閉店まで、いつも客が途絶えたことがありません。

よほど美味しいのかと思い、先月初めて行ってみました。

夕方に入店したのですが、やはり満席で、五分ほど待たされてから席に着きました。店の中は作業服姿の中年男性ばかりで、いかにもディープな雰囲気です。期待が高まりました。おじさんたちは全員、天津飯を食べています。きっとこれが人気メニューなんだろうと思い、僕も天津飯を注文しました。

これが、不味いというほどではありませんが、とくにどうということもない味でした。卵はすっかり固まっているし、餡《あん》もケチャップの味が目立つばかりで、なぜこれがこんなに人気なのかわかりませんでした。

その一週間後に、やはりどうしても気になって、またあの店へ行ってみたのです。やはり店内は作業服姿の中年男性でいっぱいでしたが、今度は全員がチャーハンを食べていました。これがうまいのかもしれない、と僕も同じチャーハンを注文しましたが、これもやはりごく普通の、どうということもないチャーハンでした。次の日は、店に入らず外から眺めてみたのですが、今度も作業服の男性たちが全員同じものを食べています。その日は広東焼きそばでした。その次の日はトマト卵炒め定食、その次はエビチリ定食。いつも、全員が同じメニューを頼んでいるようなのです。

この店で、ひとりだけ違うメニューを頼んでみたいのですが、もし頼んだら何かとんでもないことが起きるような気がして、どうしてもその勇気が出ません。

鷲羽さん、一度あの店に行ってみてもらえませんか？　そして、違うメニューを頼んだらどうなるのか、試してみてください。なぜかわかりませんが、鷲羽さんならできるような気がするのです。どうぞよろしくお願いします。

このメールが届いてから、ずっと気になってはいたが、優斗さんの大学がある地域へ行く機会がなかなかできず、しばらく放置していたのだった。

それが今年の八月、お盆休みを利用して猛暑の中で取材旅行に出たとき、ちょうどその大学の近くを通ったので、この店へ行ってみたのである。優斗さんがなぜ私なら大丈夫だと思ったのかはわからないが、その期待には応えたいのが人情というものである。

優斗さんに店の場所を詳しく教えてもらい、慣れない土地で少し迷いながら、ようやくたどりついた。

そこはたしかに、優斗さんからもらったメールに書いてあったとおりの特徴を持った町中華の店だったが、私が行ったときは昼の十二時だというのに誰一人として客がおらず、厨房の親爺もホールのおばちゃんも手持ち無沙汰そうにテレビを見ていた。これはどういうことなのか、いたずらメールだったのかと落胆したが、腹が減っていたので私はカウンター席に座り、酢豚定食を注文した。

頼んでから五分ほどで到着した酢豚は、たしかに普通の味だった。どこにも変わったところはない。ちゃんとパイナップルも入っている。まあこんなこともあるか、今日はハズレだな、と思いながら酢豚とご飯とザーサイを胃に収めていく。

半分ほど食べたところで周囲を見回すと、いつの間にか店内は作業服姿の中年男性でいっぱいになっていた。いつ入ってきたのか、まったく気づかなかった。

私が食べ終わって店を出ようとすると、隣のテーブルに座った四人組の客のところへ、料理が運ばれてきた。四人とも酢豚定食だった。

会計を済ませると「お待たせしました酢豚定食です」という声が繰り返し響く店内を振り返らないよう、足早に店を後にした。優斗さんにどう報告したものか、悩んでいる。

心霊写真

六十五歳の光彦さんが、前月に亡くなった父の遺品を整理していると、手紙の束に紛れ込んでいる、一葉の古写真を見つけた。

それは家族を映した記念写真などではなく、見知らぬ男性の肖像写真である。

古ぼけていて画像は不鮮明だったが、坊主頭の男性がかっと目を見開いている姿に、ぼんやりと女性のような白い影がかぶさるように写っている。

これは心霊写真に違いない。光彦さんは、あまりに気味が悪いので素手で触る気になれず、奥さんや娘さんが見たりしないよう、ティッシュペーパーにくるんでから書棚の引き出しにしまい込んだ。

翌日、光彦さんは三十九度の高熱を発し、三日間寝込んだ。夢の中にあの男性が出てきて、何度もうなされては飛び起きた。そのたびに全身がぐっしょりと汗だくになっていたそうだ。

光彦さんは、あの写真を捨ててしまおうかと思ったが、素人が勝手に捨てたらそれこそ祟りがあるのではないかと思い、霊感が強いという知人の、山岡さんに見てもらうことにした。山岡さんは四十歳ぐらいの単身女性で、自宅で洋裁をしているのだがときおりこういった相談も受けている。お金は取っていない、ボランティア活動だそうだ。

山岡さんの家に招かれ、光彦さんは白い封筒に入れて持ってきた、あの写真を取り出した。それを見るなり、山岡さんは「あ、これはいけません。私の手には負えません」と即答する。光彦さんは「じゃあ、俺はどうすればいいんですか」と自分でも情けなくなるような震え声で言ったが、山岡さんは「今度、私の師匠を呼びますからそれまで大事に保管していてください。それまで決して傷つけたり折り曲げたりなどしないように。もし焼いたりしたらどうなるかわかりませんよ。できれば神棚におまつりして、お神酒《みき》を欠かさないでください」と釘を刺すのだった。

光彦さんはそれから毎日、山岡さんに言われたとおり、写真を神棚にまつってお神酒を毎日供えたのだった。「明後日、私の家にまた来てください」と連絡が来たのは二週間後である。山岡さんは、光彦さんが訪ねた翌日から高熱を出し、十日も寝込んでいだのだという。光彦さんは、なぜ親父がこんな呪物を持っていたのだろう、と悩んだ。父は信心深いほうではあったが、悪霊や呪いといった分野には縁遠い、常識人だったはずである。

再び山岡さんの家に行くと、「師匠」なる人物が来ていた。意外に若く、山岡さんと変わらないぐらいの年代に見える男性だった。黒っぽい着物を身にまとい、由比正雪《ゆいしょうせつ》のような長い総髪姿である。およそ現代の人とは思えなかったが、いかにもこういうとき頼りになりそうだった。

その写真を見て、「師匠」はしばらく無言のままだった。やがて、ううむと嘆息したかと思うと「わかりました。これはたしかに、山岡さんの手に負えるものではありません。でも小生が来たからには大丈夫です。これからお祓いをしますので、貴方も準備を手伝ってください」と言う。光彦さんも手伝うというのは釈然としなかったが「これは貴方の問題なんですよ」と言われると、なんだか従わなければいけないような気になった。

山岡さん宅の広間に、お葬式のような祭壇がしつらえられた。その中心に、あの写真が安置される。両側には大きなろうそくが立てられた。そこに向かい、中心に「師匠」、少し下がった両側に光彦さんと山岡さんが正座した。光彦さんは合掌し、「師匠」と山岡さんは数珠を持っている。

何やらむにゃむにゃと「師匠」が唱え始めた。光彦さんが耳を澄ますと、「かけまくもかしこき」「かしこみもうす」などという言葉が聞き取れた。お経ではなく祝詞《のりと》のようだ。

祝詞は一時間近く続いたように思われた。ときおり「師匠」は苦しそうに息をつまらせたり、座ったまま数珠を振り上げたりして、何か邪悪なものと戦っている様子だった。光彦さんも山岡さんも、「師匠」が戦っている様子を見ているだけで汗だくになった。やがて「師匠」は詠唱を終えるとその場にどうと横倒しになり、気を失った。

光彦さんが、山岡さんに言われるまま師匠の額の汗をタオルで拭いてやり、心臓の上に塩をぱらぱらと振りかけてやると、「師匠」は意識を取り戻し、山岡さんが差し出したお神酒をぐっと口に含んで、時間をかけてゆっくりと飲み下した。

ようやくひと心地のついた「師匠」は、光彦さんに「私が見た中で最も恐ろしい呪物でした」と告げた。

この写真は明治時代初期に撮られたものである。写っている男性は、愛人の女性を刀で斬り殺した元博徒で、刑を終え出家したのだが、その後に撮影されたこの写真にも被害者の怨霊が写っていた。ふたりの愛憎が絡まり合って恐ろしい呪いの写真となってしまったが、小生が除霊したのでもう心配はいらない。ただ、完全に除霊を終わらせるにはまだ半年ほどかかる。これから新月の日が来るたびに小生が祈祷を行うので、それまで大切に保管しておくように。

重々しく「師匠」にそう告げられ、光彦さんは恐ろしさに震えた。そして安くない謝礼をお渡しして、光彦さんは写真を大切に抱えて帰宅したのであった。

私がチャーターした貸し会議室で、光彦さんはこの話を終えると、バッグから白い封筒を取り出し、その中で何重にも和紙で包まれていた、一葉の古写真を見せてくれた。

これが、その写真です。光彦さんは、重々しくそう告げる。

私は、年長者に失礼のないよう、言葉を選ぶのに必死だった。その写真は、私も見たことのある、日本に現存する最古の心霊写真とされるものだったのである。

明治十二年（一八七九年）、横浜で写真師をしていた三田弥一という人物が、天徳院というお寺（保土ケ谷区に現存する）の住職を撮影した写真に、女性の画像を合成して作ったもので、当時は「幽霊写真」と呼ばれて話題になった。あまりの評判により、焼き増ししたものを高額で販売したところ、三百枚以上売れたといわれている。

もし明治初期に焼き増しされたオリジナルだとしたら、かなり貴重なものであることには間違いない。だが、決して祟りをもたらすようなものではない。

私は、慎重に言葉を選びながら、この写真の真実を光彦さんにゆっくりと教えた。

じゃあ俺はだまされたってことですか、と激昂しそうになる光彦さんを、私は必死でなだめた。いいえ、霊の世界にはそういうこともあります、長い年月を経るうちに、もとの由来とは関係ない怪異が入り込んでしまうことも、きっとあると思いますよ。我ながら適当なことを言うものだと思いつつ、そう言うのが最適だと計算しながらしゃべっていたのである。

光彦さんは、釈然としない表情で帰っていった。

その翌日、光彦さんから私に電話がかかってきた。

私と別れて帰宅した光彦さんは、ことの顛末を奥さんと娘さんに話し、この写真を見せた。奥さんは、謝礼をだまし取られた光彦さんを激しく批難したが、娘さんは私の苦しい説明にも一理を感じてくれたらしく、光彦さんをかばってくれたのだという。その日はそれで済んだが、翌朝になり、奥さんと娘さんはそろって三十九度の熱を出してしまったのだそうだ。

光彦さんは、自分はどうすればいいのか困惑しているようだったが、私は自分も心配になって体温を測ってみた。三十六度四分であった。なにしろこのご時世である。

（二〇二三年六月記す）

裏メニュー

亜矢さんが去年からアルバイトをしている和食店では、二階の個室からは内線で注文を受けている。

ある夜、亜矢さんが内線の受話器を取ると、女性の声で「たけのこのお刺し身をくださいな」と注文があった。

この店に「たけのこの刺し身」というメニューはない。亜矢さんがそう言うと「そんなはずはないわ、板長によく聞いてみて」と言って切られた。亜矢さんは板長に「たけのこのお刺し身ってやってますか?」と聞いてみたが、やはり「そんなのやってないよ」と言われるだけだった。亜矢さんは、仕方なく二階の個室まで上がっていって「失礼します、お問い合わせのメニューですが……」と切り出したが、その場にいたお客さん全員が怪訝な顔をした。個室のお客は全員中年の男性だった。

亜矢さんは、古株の仲居さんを捕まえると、たけのこの刺し身について聞いてみた。

五年前までやってたのよ。だけど、前の板長が亡くなってね。たけのこって、アクを抜くのが難しいでしょう。前の板長でないと、お刺し身で食べられるぐらいきれいにアクを抜くことができなかったの。だからメニューから外したのよ。今の板長はその後に来た人だから、たけのこの刺し身なんて出したことないはずよ。

でも、ときどきあるのよね。二階から、たけのこの刺し身を注文する内線がかかってくることがね。いつも決まって女の声なの。女のお客なんかいないときでも、必ず女の声でね。今度からは、もしかかってきても無視していいからね。いや、必ず無視するようにしてね。いい？

先輩の仲居さんからこう聞かされた亜矢さんは、ネットでこの町に関連するニュース記事を検索して、五年前の事件にたどりついた。

妻子がありながら、店の客だった人妻と不倫関係に陥った料理人の男が、絞殺した相手の女性もろとも、車ごと海に飛び込んで無理心中をしたのだった。

テイク・イット・イージー

新歓コンパの幹事を任され、酔っ払ったサークルのメンバー全員がちゃんと帰るのを見届けるまでノンアルコールで過ごした駿佑さんは、疲れ果てて小さなバーに入り、薄めのジントニックを一杯だけ飲んで緊張をほぐした。

ようやくリラックスした気分で駅までの帰り道を歩き、繁華街を過ぎてひと気のないオフィス街を通りがかる。明かりの消えた信用金庫の入り口で、電光掲示板だけが動いていた。「財形貯蓄」「定期預金」「個人年金」などといったキーワードが流れていく中で、ふと「殺られる前に殺れ」「奪われるより盗め」というメッセージが、右から左へと流れていった。驚いた駿佑さんはその場に立ち止まり、さっきのメッセージがまた流れてくるのを待ったが、三十分その場で待っていても二度と流れてこなかった。

駿佑さんが大学を中退し、振り込め詐欺の出し子をやって逮捕される前年の体験だったという。

禍福は糾える縄の如し

都さんは、中学生の頃から二十七歳の今に至るまで、骨折したことが六回ある。

最初に骨折したのは、中学一年生の頃である。家で夕食を食べていると、帰宅したお父さんが「来月から課長に昇進することになったよ」と嬉しそうに告げた。その翌日、都さんが学校へ行くため靴を履こうとすると、足先を靴に入れようとした瞬間に小指の骨が折れたのである。

二年後、中学三年のときには、親友がバレーボール部でレギュラーの座を勝ち取り、県大会で優勝した。その応援に行った帰り道、都さんは草むらから飛び出して襲いかかってきた雀蜂を追い払おうとして振った手が電柱に当たり、手の甲を骨折したのだった。

高校一年の冬には、弟が難関中学の受験に合格した。その日の学校帰り、都さんは雪で滑って転倒し、手をついた拍子に橈骨《とうこつ》が折れた。

高校二年の夏、都さんの母は子宮頸ガンが見つかり、手術しなければ余命半年の宣告を受けた。手術してもガンが取り切れるとは限らない、難しい症状だったという。家族が心配する中、手術は無事成功し、転移もなくガン細胞をすっかり取り切ることができた。その次の日、都さんは学校の休み時間に仲の良い男子とキャッチボールをしていたが、ボールをキャッチし損ねて顔面を直撃し、眼窩底骨折の重傷を負って入院した。母と同じ総合病院の別棟だった。

大学三年のとき、都さんと同じゼミで日本文学を専攻していた友人が、ある地方文学賞で入選を果たした。その報せを聞いた次の日、都さんはバイト先へ向かうバスが急停車して転倒し、腓骨《ひこつ》が折れて救急車で運ばれた。バスの運転手は、会社や警察の聞き取り調査に「道路を急に横切る黒い影が見えた」と証言していたが、乗客は誰もそんな影を見ていなかった。

大学を卒業し、銀行で働きはじめた都さんは、高校でボールをぶつけた男子との交際を続けていて、二十五歳で結婚した。このときは何の怪我にも見舞われることがなかった。

結婚の翌年、都さんの夫は仕事で必要な資格の試験を受け、合格率三割以下といわれる難関を一発合格した。その夜、都さんは夫と一緒にベッドで寝ていたところ、くしゃみをした拍子に肋骨が三本も折れた。

都さんは、自分の友人や家族に幸運なことがあったとき、いつもその代償であるかのようにどこかの骨が折れるのだという。

その体験を詳しく聞かせてもらい、また折れた骨のレントゲン写真を見せてくれるというので、私は一週間後に都さんと会う約束をした。

その約束は、いまだ果たされていない。

予定していた日の二日前、都さんは通勤中に駅の階段で、見知らぬ中年男に突き飛ばされて転げ落ち、骨盤を複雑骨折し頭蓋骨にもひびが入るという重傷を負ったのである。

都さんの夫から聞いた話では、犯人は捕まっていないそうだ。

なお、私は都さんが受難する前の日、ふらりと入ったパチンコ屋で、二丁拳銃の女の子と眼鏡のメイドさんが撃ち合いをするアニメが題材の台を打ち、三千円ほどの投資で二万六千発の大連チャンを達成したのだが、関係の有無はわからない。

迷惑な客

休日にネットカフェのオープン席でテレワークをしていると、隣の席から、ひっく、ひっくと啜り上げるような泣き声が聞こえてきた。感動する漫画でも読んでいるのだろうか、と思ったが気になって集中できないので、口に指を当てて「しー」と息を吹きながら隣を向いた。

隣の席には誰もおらず、『ポプテピピック』の単行本が五冊重ねて置かれていた。

懐かしのマイルーム

四年ぶりに実家へ帰ると、自分の部屋の家具や私物が全て処分されていて、壁の全部の面と押し入れに、八幡大菩薩のお札が貼ってあった。

何があったのか、両親にいくら訊いても教えてくれない。

仕方なく、がらんとした部屋に布団を敷いて寝た。

目が覚めると、高校時代そのままの懐かしい自分の部屋だった。

昨夜の部屋は何だったのか、両親にいくら訊いても話が通じなかった。

黒い人

朋恵さんが四歳の娘を連れてスーパーで買い物をしていると、肌の黒い、若い外国人女性がカゴを持って野菜や果物を買っていた。

娘が「ねえママ、あの人はどうして黒いの？」と無邪気に尋ねてきた。

朋恵さんはあわてて「そんなこと言っちゃいけません！」と手を引いて去ろうとしたが、その女性は流ちょうな日本語で「私のパパとママも黒い人だからだよ、黒い人も白い人もいるんだよ」と娘に教えてくれた。朋恵さんは顔から火が出そうなほど恥ずかしかったが、この女性の優しさに救われた気がした。

娘はきょとんとしながら「このお姉ちゃんじゃないよ、あっちのおじちゃんだよ」と誰もいない冷凍食品コーナーを指さした。

「こっちのお姉ちゃんはふつうの人だけど、あっちのおじちゃんは真っ黒で目も鼻もないよ、どうして？」

娘は無邪気にそう言っている。

朋恵さんは、その女性と目を見合わせながら、どうしてかなあ、ママはわからないなあ、と言葉を濁すことしかできなかった。

「お姉さんもわからないよ。どうしてかな?」と彼女も調子を合わせてくれた。

これがきっかけで、朋恵さんはエレーヌさんと親しく友達づきあいをするようになった。娘もエレーヌお姉さんのことが大好きになり、彼女の故郷であるフランスの話をいろいろ聞いたりしている。

ただ、娘は今でもときどき「フランスにも、ああいう黒い人いるの?」と訊いては、エレーヌさんのことを困らせているそうだ。

高く、より高く

久美子さんの通勤路には体育館があり、庭のクライミングウォールが外から見えるようになっている。

ある夜の帰り道、久美子さんが体育館の前で渋滞にはまって、いらいらしながら窓の外に目をやり、クライミングウォールを何気なく見てみると、ライトアップされた中を登っていく、女性らしき姿があった。

すごいなあ、あんなに高いところまで登れるんだなあ、と久美子さんは感心して見ていたが、頂点まで到達すると、その人影はさらにその上へ、夜空の中へ、見えない突起物を掴んだり足を乗せたりしながら登っていった。

久美子さんが呆気に取られていると、後ろからクラクションを鳴らされた。

前の車がとっくに進んでいたので、こちらもあわてて車を発進させる。ウォールを見ている暇はもうなかった。

あの人はどこまで登っていけたんだろう。

そう思うとその夜は、興奮してなかなか寝付くことができなかった。
久美子さんがボルダリングを始めたのは、それがきっかけだったそうだ。

あなたのそばに

建夫さんが単身赴任先のアパートで眠っていると、いつの間にか布団の中に妻がいて、建夫さんのパジャマの中に手を入れ、肌をまさぐっていた。これは夢だと思った建夫さんは、そのまま裸になる。妻は最初から全裸だった。久しぶりに、愛しい妻の身体をたっぷりと味わった。すっかり満足して、ふたりとも裸のまま、抱き合って眠りについた。十年前の新婚当初以来のことだった。

翌朝目覚めると、建夫さんはパジャマを着ていたが、布団の中には全裸の妻がそのまま眠っていた。夜中にいきなり、本当にここへ来たのかと建夫さんは驚き、妻を揺り起こそうとしたが一向に目を覚まさない。

仕方ないのでキッチンへ行き、インスタントコーヒーを淹れて飲んでいると、スマホが鳴った。妻からだった。出ると妻は「さっき起きたんだけど、なんだか不安になって、どうしてもあなたの声が聞きたくなったの」と怯えた様子で話す。お前どこにいるんだ、と訊くと自宅だという。建夫さんは、じゃあ布団にいる妻はいったい何なんだと混乱した。

寝室へ戻ると、妻はまだ布団の中で寝息を立てている。建夫さんが恐る恐る手を触れてみると、何の違和感もない、よく知っている妻の肌だ。掛け布団をはぐと、むっちりとした美しい仰向けの裸体が見えた。

お前は何なんだ、と建夫さんがつぶやくと、妻の身体はそのまま敷布団に吸い込まれるように沈んでゆき、盛り上がった乳房の先が吸い込まれるのを最後に、跡形もなく消えた。

その月末、建夫さんは一時帰宅すると一も二もなく、玄関先で妻に抱きついた。妻も無言で、熱い吐息をつきながら唇をぶつけるように合わせてきて、寝室までたどり着く余裕もなかった。新婚当初にもそんなことはなかったのに、どうしても我慢ができなかった。

ようやくひと心地ついたところで、妻が口を開いた。

この前の朝に電話したとき、本当はあなたがうちのベッドで寝ていたの。だけどここにいるはずがないから、電話したらやっぱりあっちにいたし、話しているうちに目の前で消えてなくなっちゃったの。いったい何なんだろう、と思ったらすごく怖かったけど、あれはやっぱりあなただったんだと思う。だって、やっぱり何もかも同じだったもの。

建夫さんは、きっとそうだよ、とだけ言った。それだけでよかった。

犬の頭

晃一さんが幼稚園の頃、友達の家へ遊びにいくと、玄関の前から犬の生首が転がってきた。友達がそれを家の中に蹴り込むと、すぐに消えてなくなった。

こうすれば消えるから、気にしなくていいよ。

友達がそう言うので、晃一さんは気にせずに上がり込み、一緒にゲームをやったりして遊んだ。

その友達とは小学校が別になり、疎遠になった。

中学でまた同じ学校、同じクラスになって再会したが、子供の頃の話はなんとなく触れたくない気持ちがして、お互いに犬の生首の話はしなかった。

それ以来、二十年以上の付き合いが続いていて、お互いの家も行き来しているが、一度も犬の生首について触れたことはない。

今度、話をしてみようと思うんですがどうでしょうか、と晃一さんが言うので、それは是非やってみたほうがいいですよと私は言ったのだが、それ以来半年以上、晃一さんからの連絡は途絶えたままである。

ついてくるかい

ビジネスホテルに泊まっていた恭司さんが、大浴場で汗を流そうと部屋を出ると、後ろから誰かがぴったりとくっついてきたような感じがした。気のせいだと思ってそのまま歩くが、背後の気配は一向になくならない。思い切って振り向いてみたが、やはり背後には誰もいなかった。

大浴場に着き、脱衣所の鏡を見ても、やはり背後に人影はない。恭司さんが館内着の甚平を脱ぐと、不思議なことに気配がなくなった。やはり気のせいだったか、と恭司さんは安心して浴室に入った。

大きな浴槽でゆっくりと手足温まり、身体をほぐして浴室から出た。

身体を拭き、館内着の甚平をまた着ようとすると、襟に何か付いている。首の後ろあたりに、幼児向けアニメのキャラシールが貼ってあった。

三年前に離婚した恭司さんには、妻に引き取られた娘がいる。

今日は五歳の誕生日だった、と恭司さんは思い出した。面会は一度もしていない。

養育費はいらないから娘には会わないで、というのが離婚の条件だった。

シールをつけたまま部屋に戻り、そのまま寝た。

バスに乗った救世主

千里さんは生後半年の長女をベビーカーに乗せて、空いている昼間のバスに乗っていた。赤ちゃんはすやすやと眠っている。安心した千里さんが、日頃の疲れからうとうとしていたら、長女は突然、火がついたように泣き出した。

だるまのように太った禿頭の老人が、ベビーカーの赤ちゃんを抱き上げようとしていた。

千里さんは「何してるんですか！」と大きな声をあげ、長女を取り返した。

その男は、声を出さずに大口を開けて、笑うようなそぶりを見せたかと思うと、老人とは思えない素早さで、バス車内の前方にある、閉まったままの降り口をすり抜けて、外へ出ていってしまった。

呆気に取られている千里さんに、近くの席に座っていた和服姿の男性が声をかけてきた。「急に大声を上げたりして、どうかされましたか」落ち着いた様子で話すその男性に、千里さんは安心感をおぼえていま見たもののことを話した。

その人は四十歳ぐらいで中肉中背、髪は長く真っ直ぐに伸ばしている。なんとなく頼りになりそうな感じがしました、と千里さんは語っている。

「そうでしたか、それなら心配いりませんよ。赤ちゃんは生きるエネルギーの塊みたいなものですから、ああいうものを引き寄せやすいんです。あれはこの世のものではありません。大方、自分の子をなせずに生涯を終えた、負け組男の嫉妬ですよ。そんなものに、元気に生きている赤ちゃんが負けることはありません。大丈夫ですよ」

着物姿の男はそう語ると、次の停留所で降りていった。

千里さんは、こういうわけのわからないことがあったときは、誰かああやって断言してくれると安心するなあ、と思った。

千里さんが、娘の予防接種を終えて帰ると、自宅マンションの玄関ホールにさっきの老人がいた。だるまのように肥え、頭はつるつるに禿げ上がっている。千里さんが、ひっ、とかすかな声を上げると、エレベーターのほうへ走っていき、ドアが開いていない、それどころか一階に来てもいないエレベーターに吸い込まれていなくなった。

それから一週間の間、外出して帰ってくると必ずあの禿頭の老人がいる、というのである。千里さんは、あの着物の男性にまた相談したい、と言っている。

本当にそれでいいのか、私にはわからない。

県境のダム

トラックドライバーの雅志さんから聞いた話である。

彼の職場では、「あの場所はやばい」「あそこを通るときは気をつけろ」と噂されるスポットがいくつかあった。そのひとつが、東北のある県境近くに位置する、ダム湖のほとりである。

山肌に沿って走る道路から、湖側に大きくせり出す形で駐車場があり、ドライバーが休憩を取れるようになっている。設備は街灯と自動販売機と公衆トイレ、それに今は閉鎖されたレストハウスの建物がそのまま残っていた。

ここが、地元では有名な心霊スポットだというのである。

ある人は、湖の上を歩く女を見た。

あるドライバーは、レストハウスの窓から身を乗り出す老婆を見た。

ある肝試し客は、街灯の上で踊るセーラー服の女子を見た。

そんな噂を聞いてはいたが、雅志さんは半信半疑だった。心霊スポットというのは怖がるために行くものだから、みんな好き勝手なものを見た気になっては言いふらしているだけなのだろう。雅志さんも若い頃はそういう遊びをしたことがあるから、気持ちがよくわかるというのである。

ある冬の夜、雅志さんがその路線を走ることになった。

深夜、ひと気のない道路を走るのはトラックドライバーとしてもう慣れっこだし、噂を信じているわけでもないのだが、やはり「出る」と噂の場所を通るときはいい気がしない。

こういうときは、敢えてこちらから近づいていって、やっぱり何もないじゃないか、と言ってやろう。雅志さんはそう思い、トラックをその駐車場に滑り込ませた。

エンジンを切り、車から降りて公衆トイレで小用を足す。思ったより清潔で明るかった。それから自動販売機で熱い缶コーヒーを買い、ゆっくりと飲む。街灯の明かりに照らされてはいるが、湖面は暗く、何も見えない。

ほら見ろ、やっぱり何もないじゃないか。雅志さんは安心して運転席に戻り、キーを差し込んでひねった。

普段ならすぐかかるはずのエンジンが、ぴくりとも動かない。

出発する前に点検はしているはずだ。それにさっきまで何の問題もなく走っていたし、バッテリーだって異常はなかった。

雅志さんは焦った。冗談じゃないぞ、こっちは仕事なんだよ。肝試しに来たわけじゃないんだ、勘弁してくれよ。気がつくと、ここにいるであろう何かに向かって、心の中で哀願していた。

そこへ、別の運送会社のトラックがやってきた。やはり駐車場へ入り、小休止のためかエンジンを停めて駐車する。

後から来た車のライトが消えた瞬間、こちらのエンジンが唸りをあげて始動した。

助かった、と雅志さんは急いで発車させる。

彼の身に起こった不可解な現象は、これだけで終わりだった。

ただ、それからしばらくして、あの湖畔のスポットに関する新たな噂が聞かれるようになったのである。

いわく、ある夜にあの駐車場で休憩を取っていたドライバーが、公衆トイレの小便器の前で、立ったまま絶命していたというのである。その顔は恐怖に歪み、今にも悲鳴をあげそうに口を大きく開いていた、というディテールまで加わっていた。

雅志さんが立ち往生しかけたところにやってきた、あのドライバーのことかもしれない。あのまま、後から来た別のドライバーがいなかったら、そうなっていたのは自分だったかもしれない。

雅志さんはそう思うと、今でも身震いがするそうだ。

電話ボックスの怪

これも、雅志さんの職場で流れている噂だそうである。

前の話とは別の県でのことだ。山奥を走る峠道に、ぽつんと寂しく立っている電話ボックスがある。ここが問題の心霊スポットである。

しかし、肝心の怪異がどうもはっきりしない。

かつてここで女性が殺された、という由来はどの話でも共通しているのだが、主に語られている話にはふたつのパターンがあり、ひとつは「夜中にここを通ると、血まみれの女が電話をかけている」というもので、もうひとつは「夜中にこのボックスに入ると電話が鳴り、出ると女の声で『たすけて……たすけて……』と繰り返す」というものだった。

雅志さんは、前者はともかく後者は少し出来過ぎではないか、作為が目立つ。そう思ったそうだ。

どちらにせよ、この話が生まれたのはもう二十年以上も前のことで、最近はそもそも電話ボックス自体があまり見かけなくなった。

この心霊電話ボックスも、今はもう廃止されてなくなっている。

しかし、今でも夜中にここを通る人は、煌々と明かりのついた電話ボックスを目撃することがある。雅志さんの職場でも、同僚たちのおよそ半数がここで電話ボックスを見ており、残りの半分は「あんなところに電話ボックスなんかない」「昔からなかったような気がする」とその存在を否定しているのだった。

かつては、電話ボックスで起きる現象が怪異として語られていたが、今では電話ボックス自体が怪異となってしまったのである。

雅志さんも、何度かその場所を通ったことがあるが、あまりしっかり見て確かめる気にはなれず、見たような気もするし見ていないようにも思われる、という曖昧な認識にとどめている。

もしはっきりさせてしまうと、次に通るときが余計に怖くなるから、このままでいたい。

雅志さんはそう語るのだった。

白衣の胸に赤い薔薇

民雄さんの、四十年前の思い出話である。

若かった彼は、友人とその彼女、さらに彼女の友人女性と四人で、近くの山の麓にある心霊スポットへ肝試しに行った。肝試しというより、彼女の友人を民雄さんに紹介するというのが主目的だった。

そこには打ち捨てられて久しい廃墟がある。かつては結核患者を収容するサナトリウムだったが、昭和の後半になると役割を失った。それからは荒れ放題になり、夜になると、この周りで防空頭巾を被った女がうろついているのを見たという人が多い。

民雄さんと友人は、ここでダブルデートめいたことをして、女の子と親しくなろうという魂胆だった。蒸し暑い夏の夜だったという。

民雄さんが運転する車で、四人は山の麓までやってくると車を降り、あとは歩いて林の中へ分け入った。友人が懐中電灯で先を照らし、あとから三人がついていく。女性たちはきゃあきゃあと笑い声をあげていた。怖いなりに楽しそうだった。

ふいに、友人の彼女が笑い声を止め、誰かいるよ、と言う。

友人が、懐中電灯の光を、建物とは反対側の林のほうへ向けた。

白衣を着てナースキャップを被った女が、胸に真っ赤な薔薇の花束を携え、下を向いて佇んでいた。女はまったく口を動かさなかったが、くるな、という低い声がその場にいた全員の耳に響いた。

四人とも、悲鳴をあげることすらできずに、踵《きびす》を返して車まで走った。

民雄さんが運転席に、友人が助手席に乗り込み、後部座席では女子ふたりが抱き合って泣いていた。エンジンをかけようとするが、焦っているせいかなかなか始動しない。アクセルを踏んだり離したりするのを何度か繰り返し、ようやくエンジンが始動したので急いでその場から離れた。

結局、民雄さんに女の子を紹介するという目論見は消えてなくなり、友人とは疎遠になっていったそうだ。

間もなくその廃墟は取り壊され、今はもう心霊スポットの噂もない。

なお、患者が喀血することが多い結核病棟では、血を連想させる赤いものは徹底的に遠ざけられていたそうである。

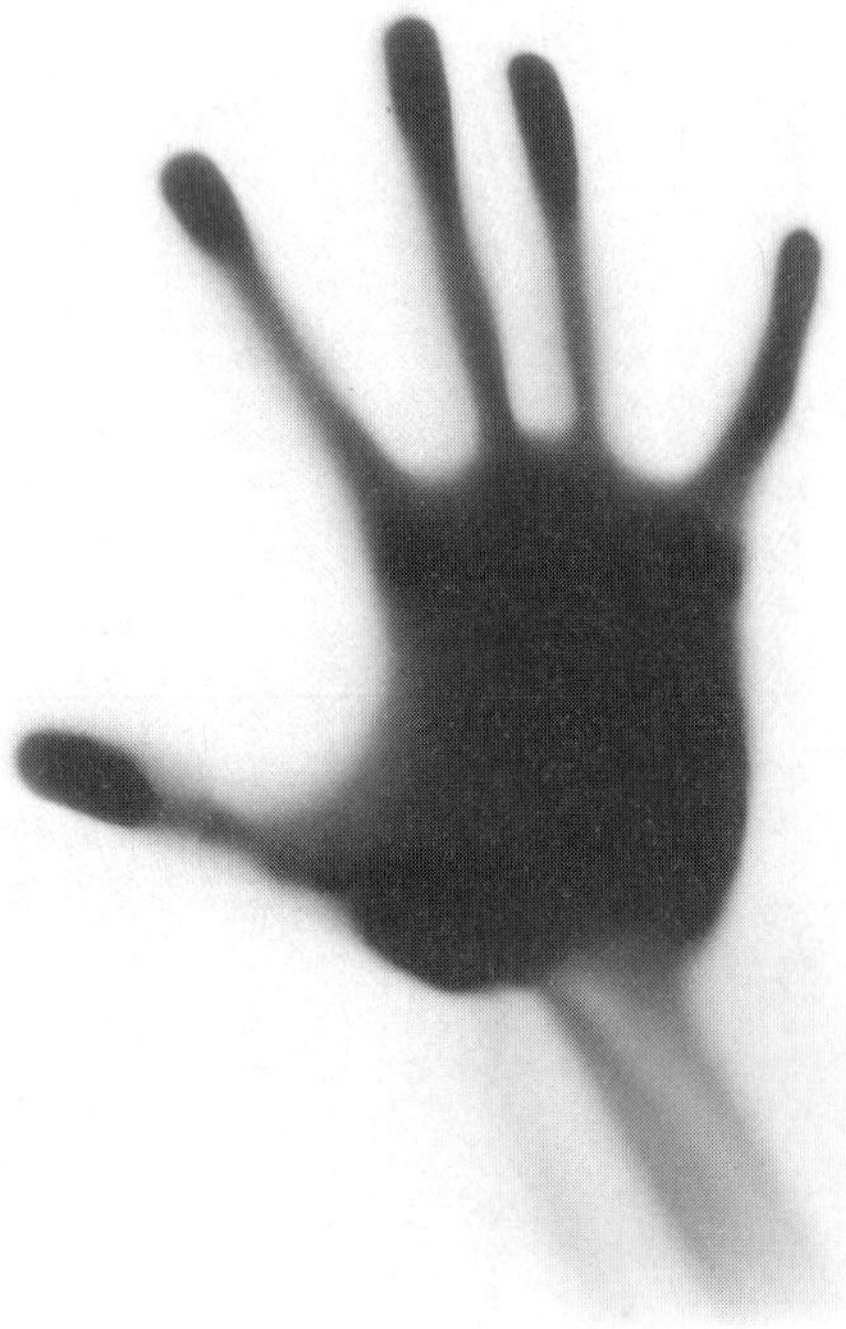

家か私か

こちらも心霊スポットにまつわる話である。

春菜さんはある日の放課後、同じクラスの女子たちと四人で、高校の近くにある大きな池へ肝試しに行った。

そこでは、昔おぼれ死んだ幼い女の子の霊が出るという噂がある。春菜さんたちは、そこで池を背にして何枚もの写真をスマホで撮影し、心霊写真が撮れないか実験したのである。ひとりがスマホを持ち、三人が肩を組んだ姿を写す。画像を確認し、手が変な形に写っていたりするのを見てはきゃあきゃあと騒ぐのであった。

一時間ほどそうしていたが、結局、女の子の姿を撮ることはできず、春菜さんたちもだんだん飽きてきたので、池に向かってみんなで「じゃあねー」と陽気な挨拶をして、それぞれ帰っていった。

帰宅した春菜さんは、いつものように夕食を食べたり勉強したりお風呂に入ったりして、二階の自室でベッドに入った。

うとうとし始めると、誰かが階段を上がってくる気配がした。

この家では、二階の部屋で寝るのは春菜さんひとりである。家族が夜更けに二階へ来ることはまずないのだが、たしかに階段がみしみしと音を立てていた。

春菜さんが「誰だろう」と思うやいなや、身体が金縛りで動かなくなった。

階段のきしむ音が止んだ。ドアの前に誰かいる気配がする。春菜さんはぎゅっと目を閉じ、耳をそばだてながらその恐ろしさに耐えていた。

やがて、気配が弱まったような気がしたので、春菜さんは目を開いた。

ベッドサイドで、おかっぱ頭に浴衣姿の女の子が、春菜さんの顔を覗き込んでいる。

まばたきをしたと思ったらもう朝だった。

春菜さんはその日の放課後、一緒に池で写真撮影をした友人たちと、四人でまた池を訪れ、皆で合掌して黙祷を捧げた。心の中で「ごめんなさい」と謝りながら、こういうものをおもちゃにしてはいけないんだ、と後悔したそうだ。

帰宅すると、昨年結婚して家を出た姉が、夫が出張に行ったというので夕ご飯を食べに来ていた。春菜さんは、久しぶりに会う姉に、昨日のことを話して聞かせた。

すると、姉は驚いて「あんたも見たの」と言ったのである。

春菜さんの姉は、違う高校を出ているのであの池のことは知らないはずだ。「あんたも」とはどういうことなのか、春菜さんは姉を問い詰めるような形になった。

春菜さんの部屋は、姉が結婚して家を出るまで使っていた部屋である。姉も、今の春菜さんと同じ歳の頃、眠っていると金縛りに遭い、おかっぱ頭に浴衣姿の女の子が部屋に現れたというのだ。

そういえば、と思い至ったのが、この部屋の真下が仏間で、ベッドが置いてあるちょうどその下に仏壇があることだった。

春菜さんは、このままの位置で眠るのが怖くなり、部屋の模様替えをしてベッドの位置を変えた。

それ以来、妖しいものが部屋を訪れたことはないが、池で心から謝ったおかげなのか、ベッドの位置を仏壇の真上からずらしたおかげなのか、わからないそうだ。

ミスター・ムーンライト

加奈子さんが住むマンションのベランダには、ときどき現れる男がいる。

満月の夜に限って現れるので、加奈子さんは彼を「ミスター・ムーンライト」と名づけた。名前は格好いいが本人はそうでもなく、いかにもイケてない感じの、べたっとした髪で黒縁眼鏡をかけた、学生風の若い男である。

今夜あたりはあいつが来そうだな、と思ってベランダのカーテンをめくると、いつも決まって、裸で体育座りをしてこちらを見ているそうだ。

警察に通報しないんですか、と私が訊くと「だってあいつ、私に気づくと座ったまま宙に浮かんで、上の階へ移動していきますから」と加奈子さんはこともなげに笑うのである。

犬好きに捧ぐ花

美貴子さんが愛犬のシー・ズーを散歩させていると、歩道に花束と缶ジュースが置かれているのを見つけた。

ここで誰かが車に轢かれるか何かして亡くなったんだろうな、と思って通り過ぎようとすると、犬好きの人をめざとく見つけてはそばに座ってなでなでをせがむ愛犬が、花のそばにおすわりをして動かなかった。

ほらもう行くよ、とリードを引っ張るが、あくまで抵抗して動かない。

美貴子さんは、犬の気が済むまでそこにいてあげようと思い、足を止めて見ていた。

誰もいないところでおすわりをしているシー・ズーは、嬉しそうに鼻を鳴らし、飼い主が撫でているときもそこまでしないのに、路上に仰向けになっておなかを見せていた。

美貴子さんはそれからも同じコースでシー・ズーを散歩させているが、こうして媚態を示すのは花束が置かれているときだけだそうだ。

お父さんの動画

中学生だった晃之さんはその夜、深夜ラジオが聞きたくて午前二時過ぎまで起きていた。

さすがに眠気に耐えられなくなり、トイレを済ませて寝ようとすると、暗いお茶の間からかすかな明かりが漏れている。テレビがついていて、お父さんが何か見ていた。

ふすまの隙間から覗き込むと、テレビでは、鎧兜をつけた男が、ベッドに縛り付けた女性の手足を、刃物で切断する映像が流れている。切り口からはおびただしい鮮血が吹き出すが、女性は全身麻酔をされているのか、かすかに微笑んだような表情で目を閉じたまま、ひと声もあげることがない。

晃之さんは一分と見ていられず、吐き気を催した。

お父さんは、テレビ画面にぐっと近づいて、かぶりつくように見ているらしい。晃之さんがいる位置からは後ろ姿しか見えず、表情はわからなかった。

いくら真夜中だからって、なんでこんな気持ち悪い番組が放送されているんだろう。それともお父さんはこういうホラービデオを持っていて、家族が寝静まってから再生しているのかな。晃之さんには、お父さんが物凄く恐ろしい人に感じられ、自分が知っている優しい父とは別人になったようにすら思われた。

覗いていること、お父さんの秘密を知ったことがバレたらまずいと思った晃之さんは、足音を立てないようにゆっくりゆっくり、忍び足でその場から離れた。

両親の寝室の前を通ると、お父さんの大きないびきが聞こえる。茶の間でテレビを見ていたはずなのに。

晃之さんがお茶の間に戻るとテレビは消えていて、お父さんの姿もなかった。

怖いようなほっとしたような気持ちで、晃之さんは自分の部屋に戻った。眠気が吹き飛んでしまったので、そのまま朝までラジオを聞いていたが、ぜんぜん内容が頭に入ってこなかったのを今でも覚えているそうだ。

ネット動画が普及するより、ずっと前の時代に起きた話である。

肺活量

五歳の娘と風船遊びをしていた。
こうやって吹くんだよ、とゴム風船を口に当ててふくらませてみせる。
やってごらん、と風船を渡した。子供の力ではなかなかふくらまない。
思いっきり吹いてごらん、と言ってあげた。
娘が力を込めた瞬間、ゴム風船が限界までふくらんで、ぱんと破裂した。
どんなもんだい、とでも言いたそうな顔で勝ち誇っている。

転機

千晶さんが高校二年のとき、とくにいじめを受けていたわけでも先生と合わなかったわけでもなかったのだが、なんとなく毎朝学校へ行って授業を受けて帰ってくるという同じことの繰り返しに息苦しさを感じ、不登校気味になっていた。

その日も朝から頭が重く、学校へ行く気になれなくて繁華街のファストフード店で時間を潰していた。昼近くになってようやく少し気分がよくなったので、学校の最寄り駅まで電車に乗ることができた。乗客は千晶さん以外ほとんどいなかった。

駅に着いた。千晶さんが電車を降りると、うしろから誰かが追い抜いていった。

ほとんど乗客がいなかったはずの車両から、馬に乗った鎧武者が颯爽と駆け出し、あ然とする千晶さんを尻目に人影まばらな駅のホームを走り抜け、姿が見えなくなった。

その次の日から、千晶さんはちゃんと学校へ行くことができるようになったが、なぜかそれまで得意だった数学がまったくわからなくなり、逆に苦手だった英語で満点を連発するようになった。

壁ドン対策

由貴夫さんが中部地方のビジネスホテルに泊まったとき、七階の一番端の部屋だったのに、外から壁をドンと強く叩かれて、気になって眠れないのでそちらの壁にお札を貼ると、ぴたりと治まって安眠することができた。

なぜ都合よくお札を持っていたのか訊いてみたら、由貴夫さんはいつも、どこのホテルに泊まっても必ずこうして外から壁を叩かれるので、どこかへ行くときはそれ専用のお札を忘れず用意しているそうである。

心当たりはあるんですかと訊くと、力強く「ない」と答えた。

クレーマー対策

ＤＶＤレンタル店の店長をしていた俊治さんは、商品に不備があったというクレームの電話を受け、お客さんの家へ謝罪に行くことになった。

気が重いながらも車のハンドルを持ち、客先へ向かっていく。どんな理不尽な要求を受けるのかと思うと、死にたくなるほど憂鬱だった。

信号待ちをしている間、前に停まっている軽自動車のリアウインドウを何気なく見ると、ぎっしりと並べられたポケモンのぬいぐるみが、こちらに向かって手を振っている。

俊治さんが自然と手を振り返すと、ぬいぐるみたちは色めき立ってセンターの位置を争うような動きをしていた。やがて車が発進すると、軽自動車は次の交差点で曲がっていってしまい、俊治さんの視界からぬいぐるみたちは消えた。

その日、俊治さんは「土下座して謝れ」と高圧的に要求するクレーマーをぶん殴ってクビになったが、解雇の無効を訴えて会社を提訴し、裁判はまだ終わっていない。

虫封じ

敦子さんが幼稚園に入る前、夜泣きがどうしても治らないのでお祖母《ばあ》ちゃんがおはらい屋さんに連れていった。

そこは真ん中に囲炉裏のある和室で、おはらいをしてくれたのは、髪を長く伸ばして後ろに撫でつけた、和服のまだ若い男の人だった。そのお兄さんは、敦子さんのうなじに手で粗塩をすり込むと、神棚に向かって正座し、数珠をじゃらじゃらと鳴らしながらにゃら呪文のようなものを唱え始めた。すると、敦子さんの首筋はかあっと熱くなり、やがて毛穴から糸くずのようなものがしゅるしゅると出始めたので、お祖母ちゃんがそれを木のへらでこすり取っては、やかんのような金属の器の中に入れていく。痛みも怖さも感じないが、敦子さんはその間じわりとも動けないでいた。

やがて糸くずは出なくなり、首筋の火照りも治まった。おはらいのお兄さんは、糸くずが詰まった金属の器を囲炉裏の火にかけ、今度はこの囲炉裏に向かって呪文を唱えはじめる。やがて、そこから鼻をくすぐるような甘い香りがし始め、敦子さんはそのまま眠ってしまった。

起きたときには家に帰っていた。その夜から、敦子さんは夜泣きをしなくなった。

敦子さんが大学に入った頃、お祖母ちゃんは心臓の病気で入院することになった。敦子さんはお見舞いに行き、病室でいろいろな話をしたが、あのときのおはらいについて訊くと、お祖母ちゃんは露骨に嫌な顔をした。

「あれは疳《かん》の虫といって、子供に夜泣きをさせる悪いものなんだよ。でもあのときおはらいしたから、お前はもう大丈夫だよ。この話はもうやめておくれよ」

お祖母ちゃんはそう言い、これ以上話そうとはしなかった。心臓の病気は快復しないまま、一週間後に容態が急変して亡くなった。


疳の虫封じというお呪《まじな》いは昔からあるが、普通は手のひらでやるものだ。こんなやり方は聞いたことがない。別に触れるのを避けるほど忌まわしいものでもないはずだし、囲炉裏で焼いたら甘い香りがしたというのもおかしい。

とはいえ、お祖母ちゃんが亡くなった今、それが本当に疳の虫封じだったのか、もう確かめる術はなく、これらの疑問も解き明かすことができないままである。

ロック人生

静江さんは、四年前に亡くなったお父さんが所蔵していた大量のレコードを、業者に頼んで引き取ってもらった。

お父さんはロックンロールが好きで、エルヴィス・プレスリーやエディ・コクラン、リトル・リチャードといったアメリカの古いアーティストのシングル盤を山ほど買い集めていたのだが、娘の静江さんはそういう音楽にはあまり興味がなく、ただ置いておくだけではもったいないし場所も取るし劣化も進むし、と考えて、ネットで探した評判の良い業者に連絡したのである。

レコード屋さんはアフロヘアの中年男性で、お父さんのレコードを見るなり「これはすごい、いいコレクションですね」と目を輝かせた。本当に音楽が好きでこの仕事をしている人なんだな、と静江さんは好印象を持った。

千枚に及ぶレコードが鑑定され、値のつかないものもあったが、静江さんとしては満足のいく値段で買い取ってもらったのだった。

このまま置いておくより、また誰かに聞いてもらったほうがお父さんも嬉しいだろう。

静江さんはそう考えて自分を納得させた。

その年の命日、お父さんのお墓参りに行くと、お墓の周りは革ジャンを着た見知らぬ若い男の人たちでごった返していた。静江さんが近づくと、かき消すようにみんな見えなくなった。

お父さんの好きだったアメリカン・スピリットの煙草が、線香代わりに供えられていた。

ぺちぺち

一歳になったばかりの娘に、顔をぺちぺちされて起こされた。

やめてよ、と半笑いで起き上がると、娘は離れたところのベビーベッドですやすやと眠っている。

鏡を見ると、炭のように真っ黒の、大きなカエルの手みたいな跡がついていた。

メイク落としで洗っているが、なかなか落ちない。

小さな冒険者

美紗緒さんがお風呂上がりに部屋でくつろいでいると、カーテンの閉まった窓を、外からコツコツとノックするような音がした。この部屋は三階である。

誰かが小石でも投げてるのかな、と訝しんで、カーテンを開けてみた。

上階から半透明のひもがぶら下がっていて、五センチぐらいの小人がそれにつかまり、ロッククライミングのように登っていた。こいつが足で窓を蹴る音だったんだ、と美紗緒さんは納得し、そのままカーテンを閉めて就寝した。

おかしなものを見た、と気づいたのは翌朝になってからだった。

窓を見ても、何の形跡も残っていなかったし、なぜあんなものを見ておかしいと思わなかったのか、いくら考えてもわからないそうだ。

巨大生物

佑樹さんが高校受験の勉強をしていたとき、ふと動くものの気配を感じて床に目をやると、体長二十センチはある巨大なゴキブリが這っていた。

声も出せずに飛び上がり、とっさに参考書を投げつけると、黒い小さなシミのようなものが砕け散り、部屋の隅へ吸い込まれていって消えた。

その後も、佑樹さんが受験勉強をしていて、調子が乗ってくるといつも巨大ゴキブリが現れた。最初は驚いたが、生身の虫ではないとわかったので、無視して勉強を続けることにした。

高校受験、大学受験、就職試験、資格試験と佑樹さんが成長していくたびに、勉強をして調子が出てくると決まって巨大ゴキブリが床を這うのだという。

今年は昇進試験を控えているそうだが、今度に限ってなかなかゴキブリが出ないのが悩みの種だそうだ。

ゴミ人間

マンションのゴミ捨て場に燃えるゴミを出しにいくと、若い全裸の女が膝を抱えた姿勢で転がっていた。

人形かと思ったが、目が動いてこちらを見た。

どうしたの、大丈夫なの、と声をかけると「いいからそのゴミ、ここに捨てていって」とやけにしわがれた声で言われた。

ゴミ袋をその場に置くと、女は笑顔を浮かべてそのまま消えた。

午前五時、夜はまだ明けきっておらず、誰もいないゴミ捨て場でのことである。

なんだか楽しそうでした、とその人は語った。

嗅覚障害

健介さんは、お盆には毎年欠かさず帰省しておばあちゃんの仏壇にお線香をあげていたのだが、今年は奥さんともどもコロナにかかってしまい、行くことができなかった。

実家に電話したとき、お母さんは「ばあちゃん残念がるわあ、今年はあんたの分もこっちでお線香あげとくけん」と、いかにも残念な様子だったそうだ。

奥さんはせきと発熱がひどく、健介さんはそれほどでもなかったが、嗅覚がまったく利かなくなり、ものを食べたり飲んだりするのが苦痛に感じられていた。

お盆の中日、相変わらず奥さんの熱は下がらず、健介さんは献身的に看病していた。汗をふいてやり、枕に当てる保冷剤も交換してやる。そうしながら体力を失わないよう、味も香りも感じられない中で無理して牛乳を飲んだり菓子パンを食べたりしていた。

正午ごろ、せきに苦しんでいた奥さんがようやく眠ったので、健介さんも少し休もうと思い、冷房をかけて部屋の窓を少し開けて、外の空気を入れた。

健介さんの鼻に、お線香の匂いが飛び込んできた。ようやく嗅覚が戻ったのかと思ったが、ほかの匂いは相変わらず感じることができなかった。

窓を閉めて、部屋はふたたび冷房の効いた空気で満たされたが、さっきからの線香の匂いはやまない。

さっき寝たばかりの奥さんが、トイレに行きたいと言って起きてきた。

健介さんが「線香の匂いがしないか」と訊くと「そんな匂いしないよ、あんたの鼻がバカになってるんじゃないの」とにべもない。

やがて線香の匂いもやみ、奥さんはふたたび眠った。

夫婦が快復するのに六日かかった。

健介さんは、実家に電話で快復の報告を入れ、ついでに仏壇に線香をあげた時間を訊いてみた。お母さんが訝しげに答えた時刻は、ちょうどお盆中日の正午だった。

みなしごの神さま

賢太さんが小学生の頃、児童養護施設から通っている同級生の女の子がいた。いじけたところや屈折したところは少しもなく、とても明るくて可愛らしい子だったという。

その子は、帰りはひとつ上の学年にいる、同じ施設の女の子と連れ立って施設まで帰るのが常だったが、ときどき校庭の真ん中で立ち止まっては、あらぬ方向を指さしてそちらに手を合わせていることがあった。

賢太さんは、あれは何をしているの、と彼女に訊いてみたことがある。

「あれはね、親のいない子だけに見える、みなしごの神さまにお祈りをしているんだよ」

そう聞かされた賢太さんは、なんて悲しい神さまなんだろうと胸が苦しくなり、どんな姿をしているのか、何をお願いしているのか、などと質問することはできなかった。

冬の、ちらほらと雪が降っていた日のことである。

養護施設の子たちは今日も校庭の真ん中で立ち止まり、校舎のはるか上のほうを指さし

「あそこだ」と言って手を合わせ、お祈りをはじめた。

賢太さんが、彼女たちが指さしたあたりを何気なく見てみると、雲に覆われた灰色の空に、うっすらと青い三角形の影が見えた。かと思うとすぐに消え、また見えたり消えたりした。

自宅の方向だったので嫌な予感がして、賢太さんは家まで走った。家の前には救急車が来ていて、隣のおばさんや近所に住む知り合いたちが集まって、口々にわあわあと騒いでいた。賢太さんのお母さんが、胸の痛みを訴えて倒れたのだという。

間もなくお父さんが勤め先から戻ってきて、賢太さんは一緒に病院へ連れていかれた。お母さんの意識が戻ったのは次の日の夕方だった。それまで、賢太さんが空を見るとうっすら青い三角形の影が見えていたが、もう見えなくなった。

あれがすっかり見えてしまうようになったら、きっと自分も母のいない子になったんだろう。賢太さんはそう思った。

昭和後期の、北国での話である。

大学生の秀哉さんは、いかにもモテそうな感じの爽やかな青年だが、彼女ができたことはないという。今時そういう人も珍しくはないが、秀哉さんの場合、それには理由があるそうだ。

中学生の頃、秀哉さんはサッカー部に入っていた。県大会で上位に入るような強豪校で、練習も厳しかった。朝練、昼練、夜練と一日中練習漬けで、授業中は眠気をこらえるのに必死だった。秀哉さんは、そこで一年生からレギュラーに選ばれていたそうだ。

ある夏の日、秀哉さんは朝練に遅れそうだったので、いつもは通らない近道の、墓場の前を走り抜けようとした。

道路に面した黒光りする墓石の上で、ポニーテールの女の子が、タンクトップにショートパンツ姿で、バスケットボールをドリブルしていた。墓石の上から地面まで、ボールは勢いよく往復している。いかにも楽しそうな微笑を浮かべたその顔は、うっすらと汗をかいていて、生命力が輝いているようだった。

秀哉さんがしばし足を止めて見惚れていると、女の子が「パス！」と叫んでボールを投げつけてきた。サッカーの癖で、つい胸でトラップする。足で三回ほどリフティングしてから、蹴り返してみた。

ちょうど当たるタイミングで、ボールともども女の子の姿は消えた。

あの子こそが僕の青春ですよ、と秀哉さんは目を細めている。

それから毎朝、秀哉さんはあの墓地の前をランニングしている。中学を卒業し、高校、大学と環境が変わっても、朝のランニングだけは欠かしたことがない。またあの子に出会えると信じているが、今のところ再会はかなっていないそうだ。

今度会えたら何と声をかけるつもりなんですか、と水を向けてみたが、秀哉さんは顔を赤らめて照れるばかりである。

会ってしまったらどうなるのか、私は心配でならない。

絡まれた日

奈緒さんが高校生の頃、学校から自転車で家に帰る途中に、後ろから「おい」と若い男の声で呼び止められた。

自転車を止めて振り向くと、鴉が地面を歩いている。鴉の声を聞き間違えたのかな、と思って奈緒さんが再び自転車を走らせると、「おい」「逃げんな」と言いながら鴉が背後から襲ってきた。奈緒さんの制服を足でひっつかみ、頭を嘴でつついてくる。

奈緒さんはバッグを振り回して追い払おうとするが、鴉は少しもひるまず「ふざけるんじゃねえよ」「俺ばっかりこんな思いさせやがって」と悪態をつきながら奈緒さんの頭をつつき続けていた。

出し抜けに「ちょっとあなた、どうしたの」と中年女性の声がした。

買い物帰りらしい、前かごにエコバッグを乗せた三十代ぐらいの女の人が、心配そうにこちらを見ている。

奈緒さんは「助けてください」と言おうとしたが、口から言葉が出るより早く、鴉の影も形もないことに気づいた。

つつかれていたはずの髪も、まったく乱れていない。

その女性は「あなた、何もないところで暴れてたけど、何かあったの？」と、半分怯えたような表情を浮かべていた。

「すみません、何でもないんです。ちょっと虫がまとわりついたみたいで」

そうごまかして、奈緒さんは自転車でその場を去った。自宅に帰り着き、制服を脱いでみたが、やはり鴉に掴まれたような跡はない。

その日の夜、家族で夕食を食べていたら、リビングの窓に鴉が激突して死んだ。

今度は何もしゃべらず、死体も消えなかったので、奈緒さんはほっとしたそうだ。

湯上がりの肌

聡美さんが、彼氏と温泉へ一泊旅行をしたときのことである。

その日はシーズンオフの平日で、空いていた。女湯の広い露天風呂は、聡美さんひとりの貸切状態で、開放的な気分を味わっていた。

湯気に煙る露天風呂へ、誰かが入ってきた。タオルを持った若い女性らしいが、もうもうと立ち込めている湯気のせいで、顔は見えない。聡美さんは「こんにちは」と挨拶したが、向こうはとくに声をかけてはこず、軽く会釈するのが見える程度だった。

聡美さんが、石造りの浴槽の端に移動すると、その人は反対側の端に入ったようだ。とくに気に留めることもなく、ゆっくりと温泉のお湯を味わっていた。

すっかり温まったので、湯船から出る。

さっき入ってきた人がいる、反対側の端に何気なく目をやると、誰もいなかった。

出入り口はひとつしかなく、誰かが出ていくところは見ていない。おかしいなと思ったが、別に注意して見ていたわけでもないし、たぶん見逃しただけだろうと思った。

身体を拭き、浴衣を身につける。

脱衣場にも、他の客が脱いだ衣服は見当たらなかった。

聡美さんが浴衣一枚で部屋に戻ると、いきなり後ろから抱きすくめられた。

驚いたが、彼氏のいたずらだということはすぐにわかった。敷いてあった布団に横たわり、さっき着たばかりの浴衣をはだけられる。

彼氏が急に「それ、どうしたの？」と怪訝な顔をした。

聡美さんの首筋から鎖骨あたり、デコルテの部分に真っ赤なあざができていた。

人の手で思い切り叩いたように、五本指の手形がくっきりと浮かび上がっていた。

このあざは翌朝まで消えず、彼氏はずっと聡美さんを心配していたが、とくに痛みも痒みもなく、温泉から帰ったらあっさりと消えたそうだ。

お札のない部屋

拓馬さんが出張で泊まったそのホテルは、入った瞬間から嫌な感じがしたという。部屋に入るどころか、建物に入る最初の瞬間から、ここは嫌だと思ったそうだ。しかし、会社が取ったホテルだから勝手にキャンセルするわけにもいかない。拓馬さんは、一泊だけだからと我慢して泊まることにした。

部屋に入っても嫌な感じはおさまらない。拓馬さんは、部屋のベッドの下や、壁にかかっている額縁の裏などを見てみた。「何か」があった部屋の場合は、そこにお札が貼られていることが多い。そう思って探してみたのだが、何か貼られているような形跡は見つからなかった。

ずっと嫌な感じがしていたので、その夜は電気をつけたまま眠った。

それだけですか、と私が問うと、拓馬さんはいかにも嫌なことを思い出したというような、苦虫を噛み潰したとはこういう顔のことなんだろうなといった表情で「はい」と吐き捨てるように言った。

朝になったら何か変化が起きていませんでしたか、と訊いてみても、拓馬さんは「別になかったです。ホテルを出るまで、ずっと嫌な感じがしていました」としか言わない。

いったい何がそんなに嫌な感じだったんですか、と私が食い下がると、拓馬さんはこう答えた。

「だって、玄関に入ってからずっと、宙に浮いた犬の生首がついてくるんですよ。そんなの誰だって嫌になるでしょう。ずっと頭の後ろに浮かんでいて、追い払おうとしても手が届かないし触れられないんです。まあ、よくあることなんですけど、やっぱり良い気はしないですよ」

よくあること、ではないと思います。私がそう言っても、拓馬さんは納得できない様子である。

「だいたいねえ、俺は犬が嫌いなんですよ。あの媚びてる感じがどうにも鼻についてね。

これは犬だからこんなに嫌な気分になりましたけど、猫だったら少しはマシかもしれないし、馬だったら全然問題ないです。人間？　それは見たことない。こういうのってだいたい動物でしょう。違いますか？」

拓馬さんは、いかにもこれが常識だという感じで話すのであった。

のんびり屋の母さん

義人さんの家では、朝起きて新聞を取りに行くと、十八年前に亡くなったお母さんが、どこかへ行こうとして靴を探していることがある。

そんなときは、義人さんが自分のサンダルを渡すと、それを履いて外へ出ていく。

玄関の外には、サンダルだけが残されている。

お母さんが現れるのは義人さんの前だけで、奥さんや娘さんが目にしたことは一度もないそうだ。

だいたい半年に一度ぐらい、お母さんはこうして姿を表すそうだ。義人さんはいかにも朗らかな笑顔で、こうも話している。

母はのんびりした性格でしたからね。きっと、まだ自分が死んだことに気づいてないんでしょう。

十八年なんて、生きてる人間からしたら長いけど、死人にしてみたら一瞬ですよ。そのうち気づいて成仏してくれると思うんで、こうやっておふくろの背中を見ていられるというのも、悪くないですよね。

お母さんが亡くなって十八年経ち、義人さんもそれだけ歳をとった。

このままだと、近いうちに義人さんはお母さんの歳を追い越すことになる。それでも義人さんは、お母さんのためにサンダルを差し出し続けたいとのことである。

バッグの中味

亜衣さんが小学生の夏休み、公園でお友達数人と遊んでいると、ベンチの上に黒いバッグが置いてあるのに気づいた。

周りを見渡しても、持ち主らしい人はいない。置いていった人も、誰も見ていなかった。みんなが来る前、一時間以上前から置かれているようだ。亜衣さんは気味が悪いと感じたが、男の子たちは「きっと銃か麻薬だよ」「おまわりさんに届けよう」「一割もらおうぜ」などと盛り上がっている。

歩いて十分ほどのところにある交番まで、一番身体が大きかった亜衣さんが持っていくことになった。気が進まなかったが仕方ない。真夏の日差しは強く、歩いていると目がくらくらしてくるほどだった。

交番に着くと、おまわりさんは亜衣さんたちを褒めてくれた。亜衣さんも、なんだかいいことをしたような気分になった。「じゃあ中味は何が入っているか、確認しようね」とバッグのジッパーが開かれた。

炎天下にずっと放置されていたというのに、バッグの中にはかちかちに凍ったガリガリ君が十本入っていた。

一本ください、とみんなで食い下がったが、もらうことはできなかったそうだ。

或る男の死

　私は、前著『暗獄怪談　憑かれた話』において「リアルタイム」というエピソードを紹介した。学生時代の友人であるマサユキが、祖母の遺品の中に、白木の箱をお札でぐるりと巻いて封印した、いかにも意味ありげなものを見つける。それ以来、彼の親族がそれぞれ、マサユキとお父さんが殺し合う夢を見るようになった。怖いので霊能者を紹介してほしいと頼まれ、途方に暮れるという話である。

　それから一年近く、事態の進行を注視してきたのだが、思ってもみない結末を迎えることになった。いや、果たしてこれが結末といえるのかどうかも定かではない。まだ終わっていないかもしれない、そう思うと私は肌が俄《にわか》に粟立《あわだ》つのを禁じえないのである。

　あの日、ファミレスで原稿を執筆していた私は、そこで偶然マサユキに会い、ことの顛末を聞かされ、信頼できる霊能者を紹介するように頼まれた。

　しかし、私には霊能者の知り合いはいないし、霊能者のおかげで事態が解決した話を収集したこともない。むしろ、霊能者じみた人が関わって事態が悪化した話ばかり聞いてきたほどである。とにかくそういう人種には縁がないのだ。

仕方ないので、正直に「すまないが、俺には霊能者の知り合いはいないし、霊能者が事態を解決した話も知らないんだよ。その箱の開封にはつきあってもいいが、役に立てるとは思えないし、ご家族も部外者を関わらせたくないんじゃないか」と話した。

しかしマサユキも「いや、もう親族だけで処理するのは苦しいんだよ、息が詰まるみたいで。誰か部外者に、客観的に見てもらわないと埒が明かない気がするんだ」と、あくまで譲らない。それに、私としても正直なところ、その呪物というか謎の箱に興味がないわけではない。あくまで見るだけだぞ、ということで、開封に参加することにした。

箱を開封する日がやってきた。自宅で開けるのは嫌だったらしく、近所の公民館を借りてのことである。本当は、祖母のお葬式をやった菩提寺に相談して、そこで面倒を見てもらいたかったのだが、ご住職に「うちはそういうのやってないんで」とにべもなく断られたのだそうだ。

参加したのは、マサユキ、彼のご両親、父方の伯母さん、それに私と、もうひとり、着物姿の男性がいた。歳は私たちより少し下ぐらいで、四十歳を大きく越えてはいないだろう。痩せていて色が白く、艶やかな黒髪を長く伸ばし、後ろに撫でつけている。額は見事な富士額で、顔は全体に鋭角な印象を与えるものだった。

その人が、黒っぽい和服をきちんと着込み、袴をはいて、畳の部屋に正座していたのだった。とても現代の人間とは思えない、時代劇から出てきたような人だった。

私は、マサユキのご両親と会うのは二十数年ぶりである。ご無沙汰しています、と挨拶をし、初対面である伯母さんには、初めまして、マサユキ君の友人で鷲羽と申します、不思議な話を収集して本にしております、今日は立会いと取材のために同席させていただきます、と自己紹介をした。

そこで、由比正雪もどきの人物が口を開き、畳に拳をついて座礼をした。

お初にお目にかかります。小生、堂島醍醐《どうじまだいご》と申す者です。こちらの奥様のご紹介で罷り越しました。本日は、若輩では御座いますが式次第をお任せいただきますゆえ、どうぞよろしくお願い申し上げます。

名前から口調から仕草から、何から何まで大時代で芝居がかっている。伯母さんの紹介で来たらしいが、なんという胡散臭い人だろうというのが正直な印象だった。私も胡散臭さにはそれなりの自信があったが、さすがにこの人と比べたら足元にも及ばない。ここまで来ると、むしろ一人称が「拙者」でなく「小生」だったのが意外なほどだ。

堂島氏は、それでは始めましょう、と畳の上に白い布を広げた。だいたい新聞紙ぐらいの大きさである。その上に、お父さんが白木の小さな箱を置く。これがくだんの呪物であろう。たしかに、古ぼけたお札のようなものが十字に巻かれ、読めない文字らしきものが書かれている。

小箱の真ん前に堂島氏、その後ろにお父さんと伯母さん、その後ろにお母さんとマサユキが正座し、少し離れたところに私が座った。堂島氏は数珠を取り出し、合掌した手に絡ませてじゃらじゃらさせながら、何やら唱え始めた。よく聞くと仏教式のお経ではない。かといって神道式の祝詞でもないようだ。よく耳を澄ませてみると、「オーム、シャンティ、シャンティ」と言っているのがわかった。

これはマントラだ。和服に袴、総髪姿の男がサンスクリット語でマントラを唱えている。その異様さに、私は息を呑んだ。

やがてマントラの詠唱が終わり、堂島氏は短刀のようなものを懐から取り出した。

さすがに本身の刀ではなくペーパーナイフの類だろうとは思うが、さすがにぎょっとする。

箱に封をしていた古いお札が切られ、箱が開いた。

中には、小さな魚の干物みたいなものが入っていた。全長十センチもないであろう。全体に黒ずんで、骨ばっていて、禍々しい印象を与える。

むう、と堂島氏が低くうなった。これは、ううむ、しかし、などと逡巡しているような風情を見せている。お父さんと伯母さんは、はらはらしている様子で堂島氏とその干物みたいなものを交互に見比べていた。お母さんとマサユキは、何が起こっているのかよくわからないという感じで、ただお父さんの顔を見て心配そうにしている。

みなさん、これは大変なものが出てまいりました。小生もこの世界に入って長いですが、これほどのものを扱うのは初めてです。小生ひとりの力では手に負いかねますので、皆さまのお力を貸してください。

堂島氏の呼びかけに応じて、一族が手をつないで呪物をぐるりと囲む形になった。

堂島氏の両手を、マサユキのお父さんと伯母さんがそれぞれ持ち、さらにもう片方の手をそれぞれお母さんとマサユキが取った。部外者である私だけがそこから離れて、傍観者の位置にとどまっている。

一同が、堂島氏に合わせてマントラを唱え、つないだ手を上下に振り始めた。

オーム・シャンティ・シャンティ・シャンティ

正座したまま、この真言をひたすら繰り返している。

私には、この現代社会で行われていることとは思えなかった。近代宗教におけるおごそかな儀式とは明らかに異なる、前近代の呪《まじな》いである。一丸となって額から汗を流し、歯を食いしばってマントラを唱え続ける家族の姿に、私は圧倒されていた。

百回ほど繰り返したあたりで、手を上下に振る動きが止まり、詠唱も終わったようだった。堂島氏は、疲労困憊といった様子で「皆さん、これで解呪は済みました」と告げる。みんな同様に疲れていて、伯母さんに至っては、その場に横になってしまうほどだった。

これは、人魚を模して作られたもので、人間の胎児の上半身と、山椒魚の身体を縫い合わせて、ミイラにしたのがこの呪物で御座います。亡くなられたお祖母様は、これを長寿のお守りとしてお持ちになっていたのですが、お亡くなりになられたことで、その効力が呪いとなってご家族にふりかかってきました。このまま放置していたら、恐らくご家族のどなたかが亡くなる事態になっていたでしょう。危ないところで御座いました。もう心配はいりませんので、ご安心なさってください。この呪物の抜け殻は、小生が責任持って処分いたします。本日は皆さま、たいへんお疲れ様で御座いました。

堂島氏は、息を整えながらも相変わらず慇懃《いんぎん》で時代がかった口調を崩さず、こう説明した。お父さんや伯母さん、お母さんもマサユキもすっかり感服した様子である。私はもう正座している足がとっくに限界を迎え、広間の隅に立って観察を続けていた。

解呪の儀はこうして終わり、座布団などの片付けは私も手伝った。そして伯母さんから堂島氏に、分厚い封筒が手渡される。謝礼であろう。私はマサユキに「今日は呼んでくれてありがとう、おかげですごいものが見られたよ」と礼を言い、帰り支度をした。

借りていた公民館の鍵は、マサユキのお父さんが返却しにいくことになり、マサユキの車にご両親と伯母さんが乗った。そして私は自分の車に乗り、堂島氏は呼んだタクシーが到着するのをしばしここで待つのだという。

私は、マサユキの車が公民館の庭から出ていくのを見て、自分も車を出発させようとした。すると、堂島氏が私の進路に立ちはだかるようにしている。

運転席の窓に向かって、上向きにした手の指でちょいちょいと招くような仕草をしている。随分横柄な態度だ。私は不快なものを感じたが、とにかく車から降りた。

おいお前、物書きなんだってな。いいか、余計なこと書くんじゃねえぞ。俺の力を見ただろう。お前なんか呪い殺すのは簡単なんだからな。

先程までの慇懃さが嘘のような、粗暴な言葉遣いだった。

私は、あまり相手にしないほうがいいだろうと感じ、「はいわかりました、今日は貴重なものを見せていただいてありがとうございました」と言って車に乗り込もうとした。しかし、彼は私の胸ぐらをつかむとさらに凄んできたのである。

舐めてんじゃねえぞ、この野郎。どうせ俺のことをインチキ霊能者だの金儲け主義だのと書くつもりなんだろうが。こっちだってこのショーバイやって長えんだからよ、わかるんだよそのぐれえ。クライアントに余計なこと言ったらただじゃおかねえからな。俺の式神を送って、てめえの金玉をふたつとも腐らせてやることもできるんだぞ。わかったか。

私は怒りで目の前が白くなり、いつの間にか彼の着物の奥襟を掴んで、昔取った杵柄の柔道技で投げようとしていた。しかしその気配を察知したのか、堂島は私の胸ぐらを掴んでいた手を離し、奥襟を掴んだ私の手を振りほどいて、わかったらとっとと帰りやがれ、と言い捨てた。そこに、呼んでいたタクシーがやってきたので、乗り込んですぐ走り去ってしまった。

私は呆然とその場に立ち尽くし、冷や汗が出るほどのやり場のない怒りを抱えていた。

ようやく落ち着いて車に乗り込み、自宅へ向かう間に考え事をする。

このままマサユキのところへ行き、堂島の暴言と正体を暴露してもいいが、そうしたところであいう手合いが金を返したりはしないだろう。

それに、あの呪物はどうなる。あの儀式でご家族みんなすっかり安心しているのに、あいつはインチキだと言ってどうなる。またあの家族が不安に怯えるだけだ。

とにかく、ご家族は安くはないだろう謝礼を払って安心を買ったのだから、それを壊すようなことはやめておこう。あいつの言うとおりだ。クライアントに余計なことを言うものではない。無関係なのにのこのこと出てきた私が悪いのだ。そう考えることにしよう。

私は自分をそう納得させて、この件については胸の奥にしまい込んでおいた。

それから半年ほど経った、ある日のことである。

あの日以来連絡を取っていなかったマサユキから、電話があった。「堂島先生が亡くなったんだよ」と、いかにも悲しそうな声で言うのである。

その前の夜、マサユキは夢を見た。堂島が別人のように痩せこけ、何か必死にこちらへ伝えようとしているのだが声が出ず、何も聞こえない。そして、悲しそうな顔をして手を振り、去っていったのだという。

朝起きて、お父さんに話をしたら、お父さんも同じ夢を見ていたのだそうだ。

これはただごとではない、と伯母さんにも連絡を取り、伯母さん経由で堂島の家に電話をかけたところ、妻だという女性が出て、彼は一週間前に亡くなったと告げられた。その三ヶ月ほど前、下腹部に痛みをおぼえて病院へ行ったが、すでに内臓のあちこちに腫瘍が転移しており、手の施しようもなかったそうだ。会社勤めではないせいもあって、検診も受けておらず、発見が遅れたのが命取りだった。

「それでも堂島先生は、俺たちのことを心配して、夢枕に立ってくれたんだよ。自分が苦しんで亡くなったというのに、本当に立派な人だったなあ」

マサユキは、私にこう話したのだった。

もし本当に堂島の霊が夢枕に立ったのだとしたら、それは自分の正体をあくまで隠し、クライアントへの外面を取り繕うためだったのであろう。私はそう考えた。

やつの正体について明かすのはやめておいたが、この顛末を書いた以上、知られないわけにはいかない。私は友人を失うことになるだろう。

思えば、こちらも因果なショーバイである。

★読者アンケートのお願い

本書のご感想をお寄せください。
アンケートをお寄せいただきました方から抽選で
10名様に図書カードを差し上げます。
（締切：2023年12月31日まで）

応募フォームはこちら

暗獄怪談 或る男の死

2023年12月6日　初版第1刷発行

著者……鷲羽大介
デザイン・DTP……延澤武
企画・編集……Studio DARA

発行人……後藤明信
発行所……株式会社 竹書房
〒102-0075　東京都千代田区三番町８－１　三番町東急ビル６F
email：info@takeshobo.co.jp
http://www.takeshobo.co.jp
印刷所……中央精版印刷株式会社

■本書掲載の写真、イラスト、記事の無断転載を禁じます。
■落丁・乱丁があった場合は、furyo@takeshobo.co.jp までメールにてお問い合わせください。
■本書は品質保持のため、予告なく変更や訂正を加える場合があります。
■定価はカバーに表示してあります。
©Daisuke Washu 2023
Printed in Japan